Hans-Günter Klein

„… mit obligater Nachtigallen- und Flieder-blütenbegleitung"

Fanny Hensels Sonntagsmusiken

Reichert Verlag Wiesbaden 2005

Bibliografische Information Der Deutschen Bibliothek

Die Deutsche Bibliothek verzeichnet diese Publikation
in der Deutschen Nationalbibliografie; detaillierte bibliografische Daten
sind im Internet über http://dnb.ddb.de abrufbar.

© 2005 Dr. Ludwig Reichert Verlag Wiesbaden
ISBN: 3-89500481-2
www.reichert-verlag.de

Inhalt

Vorwort

Leider sind viele „Fakta" aus der Geschichte von Fanny Hensels Sonntagsmusiken unbekannt – noch nicht einmal eine vollständige Chronologie ihrer Konzerte lässt sich erstellen, geschweige denn, dass sich für jeden Musikmorgen die Programmfolge angeben ließe. Bei der Bewertung heute besteht die Gefahr einer Art von Mythologisierung – die Berichte von Zeitgenossen aus späterer Zeit, die im Anhang wiedergegeben sind, wie auch der Tenor in Sebastian Hensels berühmter Geschichte der „Familie Mendelssohn" haben dem entschieden Vorschub geleistet: sie lassen erkennen, dass in der Erinnerung eine gewisse Idealisierung eingesetzt hat. Sieht man Berichte beispielsweise in der „Allgemeinen musikalischen Zeitung" aus den Dreißigerjahren des 19. Jahrhunderts durch, wird erkennbar, dass es viele öffentliche Konzertveranstaltungen und hervorragende Kammermusikensembles in Berlin gegeben hat: nicht nur bei Fanny Hensel wurde auf hohem Niveau musiziert. Und doch waren in ihren Konzerten durch die Beteiligung von sog. Dilettanten auch Qualitätseinbußen unüberhörbar. Auch die Bedeutung von Opern- und Oratorien-Einstudierungen muss relativiert werden: die wenigen Aufführungen waren wohl nur in Ausnahmen vollständig und wurden nur am Klavier begleitet – die eigentliche Domäne der konzertanten Wiedergabe von Opern lag bei Pauline Decker, bei der Fanny Hensel in der Regel den Klavierpart übernommen hat. Die große Bedeutung ihrer Sonntagsmusiken ist wohl darin zu sehen, dass sie immer wieder Kantaten von Bach aufgeführt hat und dass hier viele Werke ihres Bruders Felix Mendelssohn Bartholdy erstmals in Berlin erklangen, wobei ein besonderer Reiz darin bestand, dass er gelegentlich selbst bei der Schwester auftrat.

Aus Briefen und Tagebüchern lassen sich immerhin so viele Daten und Fakten zusammentragen, dass eine wenigstens teilweise gut detaillierte Übersicht ermöglicht wird – auch wenn Lücken offensichtlich sind und vielleicht nie geschlossen werden können. Manches Mal lässt sich ein Konzertdatum nur erschließen (und auch das dann gelegentlich nur mit einem Fragezeichen versehen), ohne weitere Hinweise auf Programm und Ausführende – und da soll dann auch nicht nach dem Grundsatz verfahren werden: denn eben wo die Fakta fehlen, da stellt die Fantasie zur rechten Zeit sich ein. Genauere Angaben in Briefen müssen gelegentlich auch als unvollständig eingestuft werden; Werktitel, die die Mutter formuliert, sind z. T. ungenau. Auch müssen die Quellen unterschiedlich ‚gewichtet' werden: Fanny Hensels meist knappe Mitteilungen an ihren Bruder Felix besitzen einen hohen Informationsgehalt, die Wertungen der Mutter dürfen relativiert werden, da ihre Anmerkungen oft genug von mütterlichem Stolz gefärbt sind. Die hauptsächlichen Quellen sind Briefe an Felix – und so entfalten seine längeren Aufenthalte in Berlin – von der Schwester immer sehnlichst erwünscht – für den Betrachter heute eine durchaus als negativ empfundene Folge.

In der hier vorgelegten Chronologie wird die Quelle für jedes genannte Konzert angegeben, der in der Regel auch die Hinweise auf Programm und Ausführende entnommen sind. Fehlen solche Angaben in der Vorlage, entstehen in der Liste entsprechende Lücken; nur selten lassen sich aus parallelen Quellen Ergänzungen entnehmen. Werktitel werden in einer typisierten Form genannt, wobei nicht alle in den Quellen erwähnten Stücke sich identifizieren lassen. Zitate aus den Brief-Autographen werden in der originalen Form wiedergegeben (lediglich die unterschiedlichen Abkürzungen für „und" sind aufgelöst).

Sonntagsmusiken in der Leipziger Straße 3

Auch wenn Heinrich Heine zu Beginn des zweiten seiner „Briefe aus Berlin" 1822 die Stadt als „ein großes Krähwinkel" bezeichnet, gab es in ihren privaten Kreisen doch ein reich entfaltetes Musikleben. Größten Ruf besaßen beispielsweise die Veranstaltungen, die Amalie Beer im eigenen Konzertsaal in ihrer Tiergarten-Villa gab; hoch angesehen waren auch die Musik-Soireen des Fürsten Radziwill, insbesondere wenn er seine „Faust"-Musik aufführen ließ. Im Hause des Buchhändlers Parthey wurden im Herbst 1819 unter der Bezeichnung „Convent" 14-tägliche Sonntagsmusiken eingerichtet, die abends mit Aufführungen von Opern und Oratorien stattfanden und unter der Leitung von Bernhard Klein, Partheys Schwiegersohn, mindestens bis 1824 existierten. August Eduard Crelle, Mathematiker und Geheimer Oberbaurat, bot in seinen musikalischen Montagabenden erlesene Privatkonzerte, und auch der Justizrat C. C. Müller führte ein musikfreudiges Haus. Vieles von diesen Aktivitäten, die oft genug über den Charakter von Hausmusik hinausgingen, ohne deswegen immer auch einen „musikalischen Salon" zu bilden, lässt sich heute nur schwer rekonstruieren, da entsprechende Berichte in der Regel nur in Briefen und Erinnerungsaufzeichnungen überliefert sind.

So gab es für private Musikveranstaltungen genügend Vorbilder, von denen einige sicher auch Abraham Mendelssohn Bartholdy in seiner großen Musikbegeisterung aus eigener Erfahrung gekannt hat. Und doch hatten die Sonntagsmusiken, die er 1821 in seiner Wohnung in der Neuen Promenade einrichtete, einen anderen Charakter: er engagierte Berufsmusiker, die größer besetzte Kompositionen des Sohnes Felix aufführten, um ihm mit der Hör-Erfahrung die Möglichkeit der Überprüfung zu geben. Gäste wurden individuell eingeladen: so lernten Felix wie auch seine Schwester Fanny eine gewisse Sicherheit in ihrem Klavierspiel vor einem Publikum. Es muss als bezeichnend angesehen werden, dass die Mutter Lea diese 14-täglichen Matineen „Sonntags Uebungen"[1] nannte; und wenn dabei auf „Exklusivität" geachtet wurde, dann wohl hauptsächlich deshalb, um nichts von diesem Proben- und Erprobungscharakter als etwas künstlerisch ‚Unfertigem' nach draußen dringen zu lassen. Zwar waren reisende Virtuosen, die in der Stadt gastierten, hochwillkommen – aber doch vor allem aus pädagogischen Gründen. So empfand die Mutter auch eine öffentliche Erwähnung 1823 als „eine unerhörte indiscrétion, da sie [diese Konzerte] durchaus Privatgesellschaft sind."[2] Daraus erhellt auch, dass es sich hier nicht um einen „musikalischen Salon" gehandelt hat: weder Lea Mendelssohn Bartholdy noch Fanny Hensel haben je einen solchen geführt.[3]

Über diese Veranstaltungen ist im Einzelnen nur wenig bekannt.[4] Während der Phase des Wohnungswechsels in die Leipziger Straße 3 und der Reisen, die der Sohn Felix in den Zwanzigerjahren unternommen hat, werden sie ohnehin ausgesetzt worden sein, und spätestens mit Beginn der intensiven Probenphase zur Wiederaufführung der Matthäus-Passion 1829 werden sie gänzlich aufgehört haben.

Fanny Hensels Neuanfang

Als Felix auf seiner großen Bildungsreise in Italien war, hat die Schwester Fanny den Plan eines Neuanfangs entwickelt und ihm den in einem heute verschollenen Familienbrief vom 8. Februar 1831 auch mitgeteilt; nur seine Antwort vom 22. Februar aus Rom ist erhalten: „Ich kann Dir gar nicht sagen, liebe Fanny, wie sehr mir der Plan mit den neuen Sonntagsmusiken gefällt; das ist ein brillanter Einfall, und ich bitte Dich um Gotteswillen, laß es nicht wieder einschlafen, sondern gieb vielmehr Deinem reisenden Bruder Auftrag, für Euch einiges Neue zu schreiben."[5] Er macht auch mit Werken von Bach und Händel schon Programmvorschläge und fragt sie: „Wirst Du denn nicht auch den Leuten mitunter etwas vorspielen? Ich dächte, das könnte Dir und ihnen nicht schaden." Wann und mit welchem Programm die ersten Konzerte stattfanden, ist nicht bekannt. Doch ist davon auszugehen, dass es sich wohl hauptsächlich um Hauskonzerte gehandelt hat, die stark von einem familiären Charakter geprägt waren. Es ist anzunehmen, dass sich dieser familiäre Charakter auch mindestens bis zum Tod der Mutter mehr oder minder deutlich erhalten hat. Das Angebot an solchen Konzerten muss zu dieser Zeit relativ groß gewesen sein, seufzt doch einmal ein Berliner Kritiker: „An Concerten und musikalischen Soiréen war fast zu viel des Guten."[6] Am 4. Oktober notiert sie nur kurz in ihrem Tagebuch: „Meine Sonntagsmusiken prosperiren sehr, und machen mir große Freude."[7]

Auch für 1832 ist den spärlichen Tagebuch-Eintragungen nichts zu ihren Sonntagskonzerten zu entnehmen – rückblickend erinnert sie sich nur am 26. Mai 1833, dass sie im Sommer 1832 „fast fortwährend leidend gewesen" war, im Herbst bettlägerig wurde und am 1. November eine Fehlgeburt erlitten hat.[8] Im Januar 1833 hat Felix „die alten Sonntagsmusiken wieder in Gang gebracht," wie er dem Freund Klingemann schreibt, zur Aufmunterung der Schwester und „um den Eltern Plaisir zu machen."[9]

Während er dann aber in England war, um seine Sinfonie in A-Dur aus der Taufe zu heben, hat die Schwester am 15. Mai, an einem Mittwoch, Glucks „Orpheus" aufgeführt: es war ein sehr großer Erfolg – außerhalb der Sonntagsmusiken. Die dokumentarische Aufzählung dann der ersten Konzerte nach der Sommerpause in ihrem Tagebuch[10] lässt vermuten, dass sie nun einen neuen Anfang gemacht hatte, den sie dann auch konsequent weiterführte. Ermuntert wurde sie dazu auch durch den Bruder Felix, der in der zweiten Sonntagsmusik im September aufgetreten war – die Mutter berichtet ein Vierteljahr später: „nun hat er ihr bei der Trennung auf die Seele gebunden, die Musik in unserm Hause nicht ausgehen zu laßen, und dies ihr heilige Vermächtniß ist Veranlaßung zu ihrer außerordentlichen Entwicklung geworden."[11] Dass es die Mutter ist, die diese Äußerung weitergibt, lässt erkennen, dass sich die Eltern mit ihr identifizierten – ein deutliches Indiz für den familiären Rahmen der Sonntagsmusiken.

Äußere Bedingungen

Die Sonntagsmusiken fanden im Sommer im sog. Gartensaal statt: er lag in der Mitte des Gartentrakts innerhalb der vierteiligen Hausanlage der Leipziger Straße 3. Er maß etwa 14 x 7,5 Meter, war von einer flachen Kuppel bekrönt und hatte zum Hof (nach Norden hin) eine kleine Terrasse mit sechs Säulen, nach Süden, zum Garten hin, öffnete er sich – bestückt mit vier Säulen – in einer kleinen, unsymmetrisch angelegten Freitreppe, die durch eine Sonnenmarkise geschützt war. Bei gutem Wetter wurden die Schiebetüren zum Garten hin geöffnet, so dass die Gäste während einer Aufführung auch ins Freie treten konnten.[12] Fanny Hensel schreibt darüber: „In dieser Jahreszeit nun, wenn mit jedem Mal der Garten grüner und schöner wird (nächsten Sonntag spiele ich mit obligater Nachtigallen und Fliederblütenbegleitung, die Nachtigall sitzt dicht vor dem Musiksaal) habe ich selbst Freude daran."[13] Auch die Besucher hatten an dieser Atmosphäre immer wieder ihre Freude, zumal wenn auch die Türen zum Atelier Wilhelm Hensels geöffnet waren, das sich östlich an den Saal anschloss, und so einen Blick in die Werkstatt des Malers ermöglicht wurde. Fanny Hensel spricht 1846 von 150-200 Gästen im Gartensaal – und das dürfte etwa seinem Fassungsvermögen entsprochen haben.[14]

Da der Saal schwer beheizbar war, blieb er in der Regel im Winter für Konzerte geschlossen. Dann versammelte man sich in ihrem Musikzimmer und öffnete dazu die beiden angrenzenden Räume (auf der westlichen Seite des Saals) – und die waren mit etwa 100 Personen gut gefüllt; gelegentlich musste man aber auch noch ins Schlafzimmer ausweichen.

In der Konzertfolge gab es meist bestimmte Zäsuren: eine wurde durch das Osterfest gebildet; dann ergab sich eine meist längere Sommerpause, die schon im Juni beginnen konnte und manchmal bis in den Oktober hinein reichte; und am Ende der Adventszeit wurden die Musikmorgen ebenfalls eingestellt. Es war erklärte Absicht, sie sonntags alle 14 Tage zu veranstalten – Ausnahmen waren aber möglich, z. B. wenn ein guter Sänger von auswärts nur kurze Zeit in der Stadt war. Sie dauerten in der Regel von 11 bis etwa 14 Uhr, begannen aber gelegentlich eine Stunde später.

Auch Fanny Hensel hat diese Veranstaltungen als Privatkonzerte betrachtet. Eingeladen wurde mündlich, manchmal aber auch in individueller schriftlicher Form (s. 22. Jan. 1837)*. Es gab keine öffentlichen Ankündigungen, ebenso wenig Rezensionen oder entsprechende Erwähnungen in der Presse. Auch Programmzettel wurden offensichtlich nicht hergestellt – bei mehrteiliger Programmfolge wurden die einzelnen Musikstücke wahrscheinlich angesagt.

Kaum etwas bekannt ist über die Kosten der Konzerte. Wurden Getränke angeboten, konnte dies sich zu einem nicht unerheblichen Kostenfaktor entwickeln – über ein solches Angebot findet man nur einmal eine Notiz: bei der Sommeraufführung von Felix' neuem Oratorium „Paulus" im Gartensaal (s. 25. Juni 1837) – aber dies war in vielerlei Hinsicht eine exzeptionelle Veranstaltung, auch in der Anzahl der anwesenden Gäste: geschätzt wurden 300. Nicht auszuschließen ist, dass sie die Orchestermitglieder des Königstädter Theaters, die einmal bei ihr gespielt haben (s. 15. Juni 1834), honoriert hat. Mit den Berufsmusikern, die bei ihr Kammermu-

---

* Mit dem Datum wird auf nähere Einzelheiten in der Chronik hingewiesen.

ulius Helfft (1818-1894): Fanny Hensels Musikzimmer. Aquarellierte Bleistiftzeichnung (1849)

sik machten, war sie freundschaftlich verbunden, d. h. sie spielten ohne Honorar. Inwieweit ihre gelegentlichen Gedanken über Geldausgaben, die allerdings kaum als „Geldsorgen" zu klassifizieren sind, durch die Sonntagsmusiken bedingt sind, lässt sich schwer beurteilen. Am 2. Februar 1838 schreibt sie dem Bruder Felix: „wir können diesen Winter keine Feten geben, wir sind sehr klamm";[15] auch wenn die Morgenkonzerte in der Familiensprache keine „Feten" waren, ist eine solche Aussage doch bemerkenswert. Dass die finanziellen Mittel durchaus begrenzt waren, lässt auch eine Notiz in einem Brief vom 10. Februar 1842 an Luise Hensel erkennen: „Ich versichere Dich, unsre Finanzen stehn auch gar nicht so, daß wir an große Vergnügungenreisen denken könnten."[16] Aufschlussreich ist dann ihre Reflexion im Tagebuch Januar 1847: „Es verdrießt mich, daß ich finde, wir geben viel zu viel aus für das, was wir leisten. Wir machen freilich ein Haus, wie Niemand weiter in unsrer Familie, und in den Verhältnissen, in denen wir leben, weiß ich nicht, wie wir es machen sollten, zu sparen, ich denke hin und her darüber, denn eigentlich finde ich es unverantwortlich, Jahre lang mehr auszugeben, als man einnimmt, in Erwartung einer künftigen Vermehrung."[17] Man darf daraus schließen, dass die Hensels bei der Familienbank anscheinend längere Zeit (wohl seit der Italienreise 1839/40?) im Minus standen. Aber es ist auch anzunehmen, dass dies den Bruder Paul als Teilhaber der Familienbank kaum gestört haben dürfte, da die Konzerte im Hause der ‚Frau Professorin Hensel‘ durchaus der Reputation der Familie dienten.

Musizieren außerhalb der Sonntagsmusiken

In einer Familie mit solch ausgeprägter Musikbegeisterung wie der der Mendelssohn Bartholdys wurde ‚natürlich‘ auch außerhalb der Sonntagskonzerte zu Musikaufführungen gebeten. Es wurde sehr deutlich unterschieden zwischen den ‚Musikmorgen‘ und den ‚soireen‘; so hatte beispielsweise ein musikalischer Sonntag*abend* einen anderen Charakter – hier wurde gezielt eingeladen, vor allem dann wenn ein Essen damit verbunden war; auf solchen ‚Gesellschaften‘ oder ‚Feten‘ wurde meist auch musiziert, oft genug auch mit genau vorbereitetem Programm. Sie wurden meist von einem Einzelnen der Familie organisiert, der auch die Gästeliste zusammenstellte – die Musik war aber Familiensache. Karl August Varnhagen notierte sich in seinem Tagebuch unter dem 11. September 1846: „Abends bei Hensel's, große Gesellschaft, Musik."[18] Sehr oft ergab sich auch ein gemeinsames Musizieren spontan, ohne dass es vorher geplant war; oft genug kamen musizierende Freunde unangemeldet – und oft genug heißt es in Fannys Tagebuch „viel Musik gemacht." Auch guten Freunden hat sie auf deren Bitten individuell anspruchsvolle Sonaten auf dem Klavier vorgespielt. Auf Familien-Geburtstagen wurde meist viel musiziert, manchmal wurden auch regelrechte Konzerte veranstaltet oder besondere Darbietungen mit Dichtungen und Musik einstudiert. Wohl relativ spontan wurde 1833 ein Fest für die Heilige Caecilie in Form eines

‚lebenden Bildes‘ mit einer eigenen Komposition von Fanny Hensel organisiert.

Außerhalb der Sonntagsmusiken fanden aber auch gelegentlich größere Aufführungen statt, so z. B. eine Aufführung von Glucks „Iphigenie auf Tauris" am 12. Juni 1834, einem Donnerstag, oder ein Konzert mit dem Geiger Lafont am 26. Januar 1835, einem Montag, um hier nur zwei besondere Veranstaltungen zu nennen.

Musiker

Fanny Hensel leitete die Sonntagsmusiken vom Klavier aus. In kammermusikalischen Stücken saß sie am Klavier, und wenn in den Quellen eine „Klaviersonate" erwähnt wird, dann hat *sie* die vorgetragen. Es ist auch anzunehmen, dass die Klavierkonzerte, die gelegentlich aufgeführt wurden, auf einem Instrument allein gespielt wurden.[19] Opern gab man konzertant – eine szenische Wiedergabe ließ sich nicht realisieren –, und auch sie, wie auch einzelne Arien, wurden nur am Klavier begleitet. Dass sie dabei ein großes Geschick und auch einige Professionalität entfaltete, lässt das Urteil des Intendanten der Königlichen Oper erkennen – eines wahrlich kompetenten ‚Fachmanns' (s. 10. Mai 1835).

Für die Hauptpartien in größeren Werken hat sie sich der Hilfe von Berufssängern vergewissert, Nebenrollen wurden von Dilettanten gesungen, was dann auch zu Qualitätseinbußen führte. Im Übrigen hatte sie einen kleinen Chor, mit dem sie meist freitags für die nächste Sonntagsmusik probte; bei schwierigen oder ganz neuen Werken, wie z. B. beim „Paulus" des Bruders Felix, hat sie entsprechend lange im Voraus mit der Einstudierung begonnen. Wegen der Solisten wurden solche Konzerte auch längerfristig terminiert.

Für andere Musikmorgen, mit ‚buntem' Programm, konnte relativ kurzfristig geplant werden – mit allen Unwägbarkeiten, die sich daraus ergeben konnten: sie musste gelegentlich auch in Kauf nehmen, dass Musiker kurz vor dem Konzert absagten oder am Sonntagvormittag gar nicht erschienen. Dann musste improvisiert werden. Je bedeutender die Berufsmusiker waren, desto mehr musste sie sich auch nach deren Wünschen richten, zumal man davon ausgehen kann, dass sie aus Freundschaft zu ihr kamen, d. h. ohne Bezahlung – immerhin garantierten die Brüder Ganz und der Geiger Hubert Ries als Mitglieder der Königlichen Kapelle ein exzellentes Musizieren. Die Anzahl solcher guter Musiker, die bei und mit ihr an einem Sonntagmittag spielen mochten, war für sie begrenzt; sie seufzt einmal, dass sie „gar zu wenig Musiker kenne" und deswegen auch einmal auf eine Sonntagsmusik verzichten musste;[20] und sie bedauerte vor allem, dass sie keinen „ordentlichen Geigendilettanten" hat.[21] Dass sie einmal neun Streicher beisammen hatte und so ein Klavierkonzert begleiten lassen konnte (s. 15. Febr. 1835), darf als Ausnahme gelten (ähnlich auch am 6. April 1834). Als Ausnahme muss wohl auch angesehen werden, dass sie einmal quasi ein Orchester zur Verfügung hatte (allerdings in lückenhafter Besetzung): für eine Aufführung ihrer Orchester-Ouverture hatte sie Musiker vom Königstädtischen Theater engagiert (s. 15. Juni 1834).

Dass die Familienangehörigen in ihren Konzerten mitwirkten, verstand sich sozusagen von selbst. Der Bruder Felix hat bei seinen Berliner Aufenthalten in den Sonntagsmusiken mehrfach Klavier gespielt, gelegentlich mit der Schwester Fanny vierhändig. Die Mutter erwähnt einmal, dass auch sie im Chor mitgesungen habe (s. 15. Nov. 1835), und das war wohl nicht das einzige Mal; die Schwester Rebecka, die eine vorzügliche Sängerin war, wird auch im Chor eine zuverlässige Stütze gewesen sein, aber wohl auch manches Solo gesungen haben, zumal sie ein sehr enges, herzliches Verhältnis zu ihrer Schwester Fanny hatte. Sie spielte auch Klavier – und das gelegentlich vierhändig mit Fanny zusammen (s. 25. Juni 1837). Der Bruder Paul galt als ein ausgezeichneter Violoncello-Spieler und wurde von der Schwester entsprechend eingesetzt. Auch Fanny Hensels Sohn Sebastian durfte im Chor mitsingen; da er aber keine Noten lesen konnte und nach Gehör sang[22], war er wohl keine große Hilfe.

Reisende Virtuosen und berühmte Sängerinnen, die sich für ein paar Wochen in Berlin aufhielten, wurden gern in die Leipziger Straße 3 gebeten – und manchmal sind sie auch in den Sonntagsmusiken aufgetreten, einige spielten wiederum nur im privaten Kreis der Mendelssohns, einige auch überhaupt nicht.

Die Schwestern Fanny und Rebecka Mendelssohn Bartholdy.
Bleistift-Zeichnung von Wilhelm Hensel (1794-1861)

Über die Programmzusammenstellung lässt sich kaum in resümierender Weise urteilen, da nur wenige Folgen bekannt sind. Doch scheinen Vokal- und Kammermusik-Werke zu etwa gleichen Teilen aufgeführt worden zu sein. Neben den beiden Opern außerhalb der Sonntagskonzerte hat sie nur noch dreimal an einem Musikmorgen eine Oper dirigiert und begleitet; vom „Fidelio" wurden nur die Hauptstücke gespielt (s. 26. Jan. 1834), und möglicherweise war dies auch bei der „Iphigenie in Tauris" (s. 8. Juni 1834) und beim „Titus" (s. 21. Jan. 1838) so. Vollständige Oratorien-Aufführungen sind ebenfalls relativ selten, auch hier wird sie manchmal wohl nur Auszüge gebracht haben. Kantaten von Bach waren offensichtlich sehr beliebt – und nach und nach galt das auch für den „Paulus" von Felix. Wurden einzelne Arien gesungen, hat wohl Pauline Decker die Auswahl getroffen.

Hin und wieder gibt es ein Klavierkonzert; Sinfonien fehlen aus verständlichen Gründen ganz – und die Aufführung von Klavierfassungen hat sie offensichtlich aus künstlerischer Einsicht abgelehnt.

In der Kammermusik werden Werke von Beethoven bevorzugt; Kompositionen von Haydn, Mozart und C. M. v. Weber erklingen nur selten. Neben Klaviersonaten und Streichquartetten erscheinen nur Kompositionen für Klavier und Streicher – entsprechend den Musikern, mit denen sie auftritt. Bläser gehörten ihrem Kreis nicht an. In allen Gattungen werden Stücke des Bruders Felix aufgeführt, oft genug auch ganz neue, die erst kurz zuvor vollendet wurden. Fanny Hensels Lieblingsstück ist „Die erste Walpurgisnacht" – und diese Töne sollten auch die letzten in ihrem Leben sein (s. 16. Mai 1847).

Werke anderer lebender Komponisten sind sehr selten in ihren Programmen (Moscheles, Robert Schumann, Karl Eckert); immerhin sagt sie in einem ihrer letzten Briefe, sie wolle sich 1847 „mit Wuth in die Opposition, d. h. die moderne deutsche Musik werfen, wenn sie Einem auch nicht immer schmecken will"[23] – doch ist es dazu dann nicht mehr gekommen.

Gelegentlich fragt sie auch gezielt bei dem Bruder Felix an, was für Kompositionen er für ihre Sonntagmorgen empfehlen kann. Einmal berichtet sie ihm, dass sie Klaviertrios von Reißiger und Onslow geprüft habe: „Es war aber so mattes, lahmes, grundlangweiliges Zeug, daß ich im Durchspielen fast verschimmelte."[24] Felix antwortet auch auf ihre Fragen – einmal mit einem

Gedankenspahn
Warum machst Du an einem Deiner Sonntage des nächsten Jahres nicht einmal Musik mit Begleitung von Blase-Instrumenten? Ein Quintett von Mozart, ein dito von Beethoven, ein dito von Spohr würde sich schön ausnehmen von Deinen seelenvollen Fingern fürgetragen. Diese Idee gebe ich Dir nur unter der Hand, denn ich habe sie noch einem Andern unter den Fuß gegeben, indem ich sie selbst einmal ausführen will.[25]

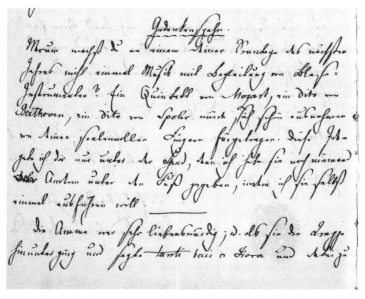

Felix Mendelssohn Bartholdy: Ausschnitt aus dem Brief an Fanny Hensel vom 12. August 1846

Nicht jedes Konzert fand so statt, wie es geplant war. Fehlte ein Musiker, musste das Programm geändert werden, oft genug wohl erst am Sonntag selbst, manchmal wohl auch spontan nach den Vorschlägen der Künstler. Auch wenn die Bemerkung der Mutter vom 14. Juni 1842, dass „gewöhnlich" andere Stücke als vorher geplant gespielt wurden (s. S. 56) sicher nicht durchgängig zutraf, werden solche Überraschungen doch wohl häufiger vorgekommen sein – und sie erforderten von Fanny Hensel ein großes Maß an Flexibilität.

Entwicklung

Der erste Höhepunkt der Sonntagsmusiken war offensichtlich die Aufführung des „Paulus" im Sommer 1837. Die Familie hatte besondere Vorkehrungen für diesen Sonntagmorgen getroffen – dass dann etwa 300 Gäste gekommen sind, hat alle überrascht (s. 25. Juni 1837). Dies war die größte Anzahl von Besuchern, die je zu einem Morgenkonzert gekommen ist.

Im Winter 1837/38 erreichten die Konzerte, wie Fanny Hensel in ihrem Tagebuch rückblickend notiert, „ihren größten Glanz" – aber offensichtlich auch die Grenze des räumlichen Fassungsvermögens: „es ist unglaublich, wie die Leute dazu drängten, und wie wir nur immer abzuwehren hatten, weil unsre Räume beständig überfüllt waren. Oft hatten die Sängerinnen keinen Platz zum Sitzen, kaum zum Stehen."[26] In diese Zeit fiel auch die Aufführung von Mozarts „Titus" im Januar 1838. Danach schreibt Rebecka in einem Gemeinschaftsbrief der Familie an Felix am 30. Januar: „Die ganze Geschichte ist übrigens wieder Berlin tout craché, wie Fanny, die doch schon eine geraume Zeitlang eine erträgliche Musikerin ist, bisher in Gesellschaften, wo ein Taubert und Consorten waren, nicht zum Spielen gewürdigt wurde, die zu ihren Sonntagsmusiken sich ein paar Sänger zum Chorsingen hat hereinschmeißen müßen, mit Einemmale eine solche vogue hat, daß sie sich Vormittags muß verleugnen lassen, um den ewigen Besuchen der Leute zu entgehen, die, wie Sebastian sagt, alle sich für den Genuß bedanken, od. sagen, sie würden nächsten Sonntag alle ihre Bekannte und Freunde mitbringen, die dann nächsten Sonntag wieder alle ihre Freunde und Bekannte mitbringen, die dann etc. etc. cum grazie in inf[inito]. Alles, Alles wird hier grausam übertrieben, todt gehetzt; das Einzige, worin Du sehr berlinisch bist, ist Dein Haß gegen Berlin, der Berlinisch übertrieben ist." Und Fanny ergänzt einen Tag später: „Was Beckchen Dir von unsern Musiken schreibt, ist eben so wahr, als neu. Seit langer Zeit wird hier Musik gemacht, eben nicht schlechter, als jetzt, und diesen Winter laufen sie uns das Haus ein."[27] Die Mutter benennt aber auch eine nicht unwichtige Ursache: sie schreibt, dass diese „Morgengesellschaften, die Recensenten abgerechnet, beinah also [nämlich: öffentlich] genannt werden können, da die Zudringlichkeit der Leute hier, die etwas umsonst hören und sehen dürfen, nicht gering ist."[28] Noch 1841 schreibt sie über „den größten Zulauf", da der Zutritt gratis ist.[29] Doch wird die Familie nach diesen Erfahrungen wohl nicht mehr so freizügig Einladungen ausgesprochen haben.

Die Zitate lassen erkennen, dass die Konzerte den Charakter „gesellschaftlicher" Ereignisse angenommen haben, auch wenn dies wohl nicht unbedingt im Sinne Fanny Hensels gewesen ist. Bemerkenswert ist, dass die Mutter in ihren Briefen an Felix öfter namentlich Gäste aus den höheren Adelskreisen erwähnt – man gewinnt den Eindruck, dass die von ihr vielfach beschworene „Brillanz" auch durch die Anzahl oder die „Qualität" solcher Gäste bedingt war.

In den Vierzigerjahren haben sich die Konzerte verändert. Opern werden nicht mehr aufgeführt, aus großen Chorwerken auch nur noch einzelne Teile gesungen. Auch eine vollständige Aufführung des „Paulus" findet nicht mehr statt. Und der Charakter der Morgenmusiken hat sich ebenfalls gewandelt; Fanny Hensel beschreibt es selbst: „Es ist nach und nach, und natürlich ohne unser Dazuthun, ein wunderliches Mittelding zwischen Privat- und öffentlichem Wesen geworden, so daß bei jedem Concert 150 – 200 Personen gegenwärtig sind, und daß, wenn es einmal ausfallen muß, ohne, daß ich absagen lasse, Niemand kommt, weil es sich von selbst bekannt macht."[30]

Mitwirkende aus Berlin

Alevin, Herr: er gehörte als Geiger bei Fanny Hensel zur Gruppe der „Dilettanten" (wurde aber von ihr nicht sehr geschätzt).[1] Möglicherweise ist es der nach Boi(c)kes Wohnungsanzeiger (1839; 1842) mit der Vornamensabkürzung „S." angegebene „Lotterie-Obereinnehmer" in der Spandauerstr. 28.

Bader, Karl Adam, 1789-1870, Sänger (Tenor). Er wurde 1818 an die Königl. Oper verpflichtet und blieb hier bis zu seinem Abschied 1845 (1849). Er tendierte ins dramatische Fach, trat besonders in Opern Spontinis hervor und war in Berlin überaus beliebt. 1829 wirkte er in der Wiederaufführung der „Matthäus-Passion" mit.

Behr, Heinrich, 1821-1897, Sänger (Bass). Seit 1843 war er Solo-Sänger an der Königl. Oper, auf Empfehlung u. a. von Felix Mendelssohn Bartholdy. 1846 ging er nach Leipzig. Fanny Hensel charakterisierte ihn als „ein in unserm Hause stets gern gesehener Gast, u. ein thätiges u. unentbehrliches Mitglied meiner kleinen Morgenconcerte."[2]

Behrend, Rosa Eleonore, s. Curschmann

Blank, Constanze, 1779-1852. Sie war offensichtlich mit Fanny Hensel befreundet und sang im Alt mit.

Bötticher, Louis Karl Friedrich, 1813-1867, Sänger (Bassbariton). Er trat zum ersten Mal 1836 auf und wurde sofort an die Königl. Oper engagiert. Seine Hauptpartien waren Don Giovanni, Sarastro, Rocco, Caspar.
In den Sonntagsmusiken bei Fanny Hensel hat er seit 1837 mitgewirkt; nach seinem ersten Auftreten hier urteilte Lea Mendelssohn Bartholdy: „Er hat eine wundervolle dicke Stimme, ist ungemein musikalisch, aber sein Gesang ist noch etwas plump und steif, und nichts wird ihm so schwer als ein piano."[3]

Busolt: er sang Tenorpartien und war wohl der Sohn des Königlichen Sängers und Schauspielers J. S. Busolt. Fanny Hensel beschreibt ihn:

„ein Studentchen von 4 Zoll, mit einer sehr hübschen Stimme, die wie eine Parodie von Mantius klingt."[4]

Curschmann, Rosa Eleonore, geb. Behrend, 1818-1842, Sängerin (Sopran), verheiratet mit dem Liederkomponisten Friedrich Curschmann (1805-1841). Sie war mit Fanny Hensel befreundet.

Dach[e]röden: er sang Tenorpartien. Fanny Hensel sagt von ihm, dass er „sich sehr viel Mühe giebt, u. eine hübsche Stimme hat."[5]

Decker, Pauline, geb. von Schätzel, 1811-1882, Sängerin (Sopran). Sie war eine Schülerin von Heinrich Stümer und wurde bereits 1828 an die Königl. Oper verpflichtet. Bis sie 1832 von der Bühne Abschied nahm – sie heiratete den Königl. Oberhofbuchdrucker Rudolf L. Decker –, hatte sich ihre Stimme bis ins dramatische Fach entwickelt, so dass sie beispielsweise im „Don Giovanni", „Freischütz" und „Oberon" alle Sopranpartien sang. 1828 wurde sie Mitglied der Sing-Akademie und hat auch in vielen Oratorien-Aufführungen mitgewirkt.
Lea Mendelssohn Bartholdy schreibt 1833: „Die Decker ist wenigstens sehr reich durch ihre Heirath geworden, und ihr Mann, wenn auch nicht glänzenden Geistes doch recht verständig und gutmüthig."[6] Das versetze sie offensichtlich nun in die Lage, Aufführungen von Opern und Oratorien als Privatkonzerte in größerem Stil zu veranstalten, die Fanny Hensel am Klavier begleitete. Lea Mendelssohn Bartholdy berichtet darüber ein halbes Jahr später: „Fanny hat sich mit dieser Künstlerin seit einigen Monaten sehr liirt, und es ist für beide eine sehr glückliche Vereinigung, da ihre verbundenen Talente erst ein rechtes Ganze ausmachen. Beide haben alle 14 Tage Musik und stehen sich bei. Fanny begleitet dort Opern und jene singt ihr was und wie sies haben will, denn zu ihrer herrlichen Stimme und Musikfähigkeit hat sie auch die größte Gefälligkeit, Bildbarkeit und Eingehen in das zu Lernende; an Gedächtniß und vom Blatt singen hat sie ebenfalls wenige ihres Gleichen, so wie Fanny, die neulich a prima vista eine Oper bei ihr begleitete"[7] (es handelte sich um Peter von Winters „Opferfest").
Pauline Decker war für Fanny Hensel in den Sonntagsmusiken die zuverlässigste und kompetenteste Sängerin. Wie sehr sie die Jüngere geschätzt hat, lässt ein kleiner undatierter Brief erkennen, den wohl der

Sohn Sebastian zusammen mit Liedern Fanny Hensels überbracht hat:

Sie erlauben wohl meinem kleinen postillon d'amour, Ihnen unsre aufrichtige Huldigung zu überbringen. Das erste Lied wünschten Sie, die Andern hab ich dazu geschrieben, um Ihnen keine leeren Blätter zu schicken. Ich möchte Ihnen immerfort, und durch jede Aeußerung beweisen können, wie lieb Sie mir sind, dies erlauben Sie mir hinzuzufügen, und nehmen Sie unsre Blätter freundlich an.

Ihre Fanny.[8]

Pauline Decker hat sich dieses Briefchen in eine Art Erinnerungsalbum eingeklebt, in das sie auch einen kleinen Billet-Brief Fanny Hensels aufgenommen hat, der ganz offensichtlich am 2. März 1847 geschrieben wurde (und wohl in großer Eile, wie man an den Wortverschleifungen erkennen kann): am 1. März hatte Clara Schumann ein öffentliches Konzert gegeben, auf das Fanny Hensel hier anspielt, und zum 4. März hatten die Hensels zu einer Gesellschaft geladen, auf der, wie sie in ihrem Tagebuch notiert, „die Decker hustend" anwesend war; die Sängerin war also krank und ihr Erscheinen auf der Gesellschaft zwei Tage zuvor noch in Frage gestellt – die zweite Frage in dem kleinen Brief bezieht sich dann auf diesen Termin:

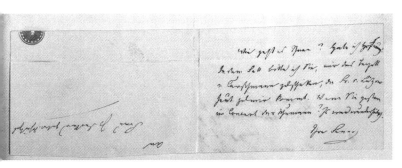

Fanny Hensel: Brief an Pauline Decker (2. März 1847)

An Frau P Decker geb v. Schätzel
Wie geht es Ihnen? Habe ich Hoffnung? In dem Fall bitte ich Sie,
mir das Terzett v. Curschmann zu schicken, da Fr. v. Lützow heut
zu mir kommt. Waren Sie gestern im Concert der Schumann?
Es war wunderhübsch.

Ihre Fanny[9]

Devrient, Eduard, 1801-1877, Sänger (Bariton). Er wurde 1819 an die
Königl. Oper engagiert, war aber seit 1832 wegen der Überanstrengung
seiner Stimme nur noch im Schauspielfach tätig. 1844 ging er als Regis-
seur nach Dresden. In der Wiederaufführung der „Matthäus-Passion"
1829 hat er die Partie des Christus gesungen.

Fassmann, Auguste von, 1808-1872, Sängerin (Sopran). Sie kam 1836 aus
München an die Berliner Königl. Oper und galt als hervorragende Inter-
pretin von Rollen in Opern Glucks. Ihre großen Partien waren die der
Donna Anna, des Sesto (Titus) und der Leonore (Fidelio).

Ganz, Leopold, 1806-1869, Geiger,
Ganz, Moritz, 1802-1868, Violoncellist
Die beiden Brüder sind in Mainz geboren und kamen zusammen
1827 nach Berlin, beide als Kammermusiker in die Königl. Kapelle
berufen; 1836 wurden sie zu Konzertmeistern ernannt (Leopold
erhielt die tatsächliche Funktion aber erst 1840). Sie traten vielfach zusammen auf, unternahmen in den Dreißigerjahren mehrere
Konzertreisen, u. a. nach Paris und London, und hatten einen ausgezeichneten Ruf. Anfangs haben sie im Möser-Quartett mitge-
spielt, 1831 dann auch eigene Morgen- und Abendunterhaltungen
gegründet.
Leopold wurde Ende der Dreißigerjahre zum Sinfonie-Dirigenten der
Königl. Kapelle ernannt, entwickelte sich zu einem guten Dirigenten,
dem auch die Anerkennung nicht versagt wurde.
Moritz unternahm 1846 allein eine Konzertreise nach Leipzig – mit
so großem Erfolg, dass er nun als einer der Besten seines Instruments
bezeichnet wurde.

Haber, Fräulein: sie gehörte bei Fanny Hensel zur Gruppe der „Dilettantinnen" und wirkte als Sängerin mit.

Hähnel, Amalie, 1807-1849, Sängerin (Mezzosopran). Sie kam aus Wien, hatte 1831 am Königstädtischen Theater in Berlin debütiert und 1841 als Orpheus an der Königl. Oper, in der sie 1845 auch zur Königl. Kammersängerin ernannt wurde. 1845 ging sie nach Wien zurück.

Lea Mendelssohn Bartholdy schreibt über sie 1833: „wir [haben sie] sehr lieb gewonnen […]. Sie hat nicht nur eine schöne Stimme und Darstellungsgabe, sondern sie ist auch ein so solides, braves, unterrichtetes, angenehmes und durchaus unbescholtnes Mädchen, daß man sich, bei ihrem Stande nicht genug wundern und ihrer freuen kann."

Hauser, Franz, 1794-1870, Sänger (Bassbariton). Er kam nach Engagements in Kassel, Dresden, Frankfurt am Main, Wien und Leipzig 1835 nach Berlin, ging 1837 nach Breslau und widmete sich seit 1838 der Pädagogik. Er stand in engem Kontakt zu Felix Mendelssohn Bartholdy (Bach-Handschriften) und korrespondierte später auch mit Fanny Hensel.

Kubelius, August Ferdinand, 1798 - nach 1861, Violoncellist, seit 1816 Mitglied des Königl. Opernorchesters und Kammermusikus. Als Bass sang er auch im Chor der Sing-Akademie mit. An Fanny Hensels Konzerten beteiligte er sich wohl meist als Instrumentalist.

Kusser (?), Herr: der Bass gehörte bei Fanny Hensel zur Gruppe der „Dilettanten".

Löwe, Auguste, Sängerin (Alt). Sie war 1838 in die Sing-Akademie eingetreten und hat dort bis 1847 häufig Solo-Partien gesungen. Sie heiratete später einen Dr. Leo.

Mantius, Eduard, 1806-1874, Sänger (Tenor). Er hatte 1829 in Halle debütiert, sang dann 1829 auf der Silberhochzeit von Abraham und Lea Mendelssohn Bartholdy in Felix' „Heimkehr aus der Fremde" mit und debütierte an der Königl. Oper 1830 mit dem Tamino. Er blieb an der Berliner Oper bis zu seinem Abschied 1857 und hat hier 152 Rollen gesungen; gerühmt wurde er für die Darstellung der Tenor-Partien aus Opern Mozarts und C. M. v. Webers, ebenso des Pylades und Florestan.

Mayet, Herr: der Bariton gehörte bei Fanny Hensel zur Gruppe der „Dilettanten".

Nöldechen, Antonie, 1813-1896: die Freundin Fanny Hensels gehörte zur Gruppe der „Dilettantinnen" und wirkte als Sängerin mit. Sie war schon seit 1829 mit dem Mediziner Eduard Kaspar Jakob von Siebold verheiratet, wurde aber in der Familie der Mendelssohns immer mit ihrem Mädchennamen bezeichnet — so auch von Fanny Hensel in den Eintragungen in ihren Tagebüchern.

Ries, Hubert, 1802-1886, Geiger, seit 1836 Konzertmeister in der Königl. Kapelle, 1839 ordentliches Mitglied der Akademie der Künste. Er genoss als Quartettspieler großes Ansehen.

Riese, Herr: er gehörte bei Fanny Hensel zur Gruppe der „Dilettanten" und wirkte als Sänger im Bass mit.

Schlechte (?), Herr: er gehörte bei Fanny Hensel zu der Gruppe der „Dilettanten" und spielte ein Streichinstrument.

Stilke, eine junge Sängerin, über die sich Lea Mendelssohn Bartholdy ziemlich negativ ausgesprochen hat („ohne Talent und leider ein wenig taub"[11]).

Stümer, Heinrich, 1789-1857, Sänger (Tenor). Er debütierte als Belmonte 1811 an der Königl. Oper. Er zog sich 1831 von der Bühne zurück, trat aber weiterhin als Oratoriensänger auf (vor allem in den Oratorien Händels); 1829 sang er den Evangelisten in der Wiederaufführung der „Matthäus-Passion" und blieb der Sing-Akademie eng verbunden.
Lea Mendelssohn Bartholdy und urteilt 1835 über ihn, er sei „der Sicherheit und Aussprache wegen noch immer der hiesige beste Tenor, obwohl die Stimme sehr schwach ist."[12]

Türrschmidt, Auguste, geb. Braun, 1800-1866, Sängerin (Alt). Sie trat nicht auf der Bühne auf, aber regelmäßig und mit großem Erfolg in der Sing-Akademie.

Wilhelm Hensel (1794-1861): Fanny Hensel am Flügel. Bleistift-Skizze

Walpurger, Herr: er gehörte bei Fanny Hensel zur Gruppe der „Dilettanten" und spielte ein Streichinstrument.

Zimmermann, August, 1810-1891, Geiger im Orchester der Königl. Kapelle. Als Königl. Kammermusiker veranstaltete er seit 1834 eigene Quartettsoireen.

Chronik

1831/1832

Siehe die Ausführungen im Abschnitt „Fanny Hensels Neuanfang" (S. 12).

1833

Für die Konzerte vom 1. September bis zum 27. Oktober notiert Fanny Hensel die Programme und auch einige Namen der Mitwirkenden in ihrem Tagebuch.[1]

1. September
Mozart: ein Klavierquartett*.
Beethoven: 4. Klavierkonzert, G-Dur, op. 58.
Beethoven: „Fidelio", zwei Duette, gesungen von P. Decker und E. Devrient (?)[2].
Bach: Klavierkonzert d-Moll, BWV 1052.
Das Konzert von Bach war eins von Fanny Hensels Lieblingsstücken: sie hat es viele Male in ihrem Leben gespielt.

15. September
Beethoven: Tripelkonzert, C-Dur, op. 56, mit H. Ries (Violine) und M. Ganz (Violoncello), F. Hensel am Klavier.
F. Hensel: „Hero und Leander"[3], gesungen von P. Decker.
F. Mendelssohn Bartholdy: 1. Klavierkonzert, g-Moll, op. 25, gespielt von F. Mendelssohn.
Bach: Klavierkonzert d-Moll, BWV 1052, gespielt von F. Mendelssohn.
Der Bruder war am 12. September von seiner Reise nach England zurück gekehrt, am 16. fuhr er wieder ab. Zu seiner Interpretation des Konzerts von Bach notiert Fanny Hensel in ihrem Tagebuch: „unendlich phantastisch und eigenthümlich."[4]

---

* Ist für die Besetzung eines Klavierparts kein Name genannt, handelt es sich um Fanny Hensel. Auch für die Begleitung von Vokalkompositionen ist in der Regel die Begleitung mit ihr am Klavier anzunehmen.

29. September

F. Mendelssohn Bartholdy: „Variations concertantes" für Violoncello und Klavier, op. 17, mit M. Ganz.

C. M. v. Weber: Klavierquartett, B-Dur, op. 5 bzw. 11.

C. M. v. Weber: „Oberon", Finale des 1. Akts, gesungen von P. Decker.[5]

Spohr: ein Quintett (wohl das Klavierquintett in c-Moll, op. 53).

C. M. v. Weber: „Oberon", „Meerlied" (Finale 2. Akt).

13. Oktober

Beethoven: Klaviertrio, Es-Dur, ob es sich um op. 1/1 oder op. 70/2 handelt, lässt sich nicht entscheiden (Angabe nur der Tonart).

F. Mendelssohn Bartholdy: Streichquartett, a-Moll, op. 13.

Beethoven: Klaviertio, D-Dur, op. 70/1.

27. Oktober

Mozart: Klaviertrio, G-Dur, ob es sich um KV 496 oder 546 handelt, lässt sich nicht entscheiden (Angabe nur der Tonart).

C. M. v. Weber: „Der Freischütz", Arie der Agathe „Wie nahte mir der Schlummer", gesungen von P. Decker.

Moscheles: Klaviertrio c-Moll, op. 84.

Gluck: „Iphigenie auf Tauris", Arie der Iphigenie „O du, die mir einst Hilfe gab"[6], gesungen von P. Decker.

Die Mutter Lea schreibt am 1. November an Felix: Fanny „überraschte mich Sonntag durch Moscheles trio um so mehr, als ich es sie nicht hatte üben hören. Ich muß gestehen, es gefiel mir beßer, als da ichs von ihm kennen lernte; nur war Kubelius [der Violoncellist] etwas roh und ging auf ihre nuancen nicht ein."[7]

10. November (wahrscheinlich)

Der Termin läßt sich aus der Anfrage Fanny Hensels bei ihrem Bruder vom Sonnabend, dem 2. November, erschließen: „Lieber Felix, was soll ich nächsten Sonntag spielen? Das vorige Mal hatte ich das Trio v. Moscheles, ich fürchte sehr, das mögliche Repertoir wird den Winter hindurch nicht ausreichen."[8]

Das Datum des nächsten Konzerts ist nicht bekannt, ebenso wenig das jener Sonntagsmusik, die sie in ihrem Brief vom 1. Dezember an den Bruder erwähnt: „Meine Sonntagmorgen erhalten sich ziemlich brillant,

Fanny Hensel: Tagebuch-Eintragung vom 28. Oktober (mit den Konzert-Programmen im Herbst) und 9. November 1833

bis auf den letzten, der brillant klaterig war."[9] Wahrscheinlich spielt sie bei ihrer Tagebuch-Eintragung vom 17. Januar 1834 auf dieses Konzert an: „Einmal wurde aus meiner Musik sogut wie gar nichts, es kam Niemand außer Kubelius, der mich freundlich nie im Stich läßt."[10] Ob sie am 24. November ein Konzert veranstaltete, dem möglichen Termin innerhalb der 14-tägigen Folge nach dem 10. November, ist fraglich, da sie am 22. November ein Fest für die Heilige Cäcilie gab, für das sie in großer Eile selbst eine kleine Kantate[11] komponiert hatte, und insofern wenig Zeit für die Vorbereitung einer Sonntagsmusik am 24. blieb – auch wenn sie oft genug ihre Programme improvisiert hat.

Für zwei weitere Konzerte hat Fanny Hensel in ihrem Tagebuch ohne Datumsangabe einige Programmnotizen vermerkt; wahrscheinlich fanden sie nach dem 1. Dezember[12] statt, vielleicht am 8. und 22. Dezember: „Einmal aber sang die Decker die erste Arie der Königin der Nacht [„O zittre nicht", aus Mozarts „Zauberflöte"], was ich da spielte, weiß ich nicht mehr."
„Einmal spielte ich das Quintett v. Hummel [es-Moll, op. 87], und das Concert v. Mozart d moll [KV 466] und die Decker sang Fidelio [wahrscheinlich die Arie der Leonore ‚Abscheulicher! Wo eilst du hin']."[13]

1834

12. Januar (?)[1]
Beethoven: Klaviersonate A-Dur, wohl op. 101 (im Tagebuch nur Angabe der Tonart).
Beethoven: Klaviertrio D-Dur, op. 70/1.
C. M. v. Weber: „Oberon", Arie der Rezia „Ozean, du Ungeheuer", gesungen von P. Decker.

26. Januar
Beethoven: „Fidelio", Auszüge
Die Mutter schreibt an Felix am 24. Januar: „ich komme eben aus ihrer [Fannys] Probe. Paulinchen [Decker] thut schon wieder das beste und hilft allen Schwachen ein. Ich habe sehr gerathen, die Finales und den Gefangenenchor wegzulaßen; mit so schwacher Besetzung und so unmusikalischen Leuten als Dacheröden [Florestan] und Riese (Rokko) gehts unmöglich nach 2 Proben."[2] Nach der Aufführung berichtet sie

dann dem Sohn: „Der Fidelio bei Fanny ist, was sie und die Decker betrifft, vortrefflich gewesen. Das andre, mit Dacheröden, Busolt [Jaquino], der Nöldechen [Marzelline] etc. natürlich sehr mittelmäßig, die Leute waren aber von allem entzückt, und Fanny insbesondere leistete Wunder, so ruhig und sicher, mit so viel aplomb und Kraft, so weise und delikat hat sie alles umfaßt und vorhergesehen, gehalten und gehoben. Sie hat sich ungeheuer vervollkommt."[3] Sie selbst schreibt dem Bruder: „das Publicum welches schon wieder so anfängt zu wachsen wie damals war entzückt. Die Decker hat wunderschön gesungen, u. alle Dilettanti leidlich."[4]

9. Februar
Die Mutter berichtet dem Sohn am 13. Februar: „Fannys Sonntag war wieder sehr brillant und hübsch. Sie spielte auf Bitte der Herren Ganz, Moscheles trio [op. 84] mit ihnen und Beeth.'s c mol Sonate [für Violine und Klavier, op. 30/2] mit Ries. Die Hähnel sang 2 Arien aus [Händels] Samson mit einem improvisirten Chor."[5]

2. März (wahrscheinlich)[6]
Beethoven: mehrere Sonaten (wahrscheinlich für Klavier).
F. Hensel: zwei Duette[7].
F. Hensel: „Die Spinnerin", Lied (1823)[8].
Beethoven: „Elegischer Gesang", op. 118, „mit Hindeutung auf Schleiermacher" (nach ihrer Tagebuchnotiz), der am 12. Februar 1834 gestorben war.

16. März
„Es war niemand da von Spielern als [der Geiger Hubert] Ries."[9]
Beethoven: Klaviertrio D-Dur, op. 70/1, mit dem Bruder Paul am Violoncello.
Mozart: „Die Hochzeit des Figaro", Arien, gesungen von P. Decker.
Bach: eine Violinsonate.

6. April[10]
Mozart: ein Klavierkonzert, gespielt von F. Hensel.
F. Hensel: „Hero und Leander", gesungen von P. Decker.
F. Mendelssohn Bartholdy: 1. Klavierkonzert, g-Moll, op. 25, gespielt von Luise Dulcken (1811-1850), „mit einem schlimmen Finger, aber

doch sehr schön", wie Fanny Hensel in ihrem Tagebuch notiert.

Luise Dulcken war eine Schwester des Geigers Ferdinand David, der mit der Familie befreundet war. Dem Bruder berichtet sie am 12. April: „Sie spielt Dein Concert wirklich merkwürdig, ich hätte nicht gedacht, daß es außer Dir jemand so schmettern könnte. Natürlich spielst Du es unendlich phantastischer, besonders das Letztemal hier hast Du es ganz merkwürdig gespielt [am 15. September 1833, s. o.], u. mit ihrem Vortrag von Gesangsstellen bin ich gar nicht einverstanden, aber es ist als wenn sie Feuer aus den Fingern schüttelte, u. ihre Kraft u. Rapidität ist wirklich bewundernswerth."[11]

Die Mutter nennt in ihrem Bericht an Felix auch einige Musiker, die als kleines Orchester Luise Dulcken begleitet haben: identifizieren lassen sich L. Ganz, Ries und Alevin als Geiger, M. Ganz, Kubelius und Fannys Bruder Paul als Violoncellisten; wen sie mit „Schlechte" (?) und „Walpurger" bezeichnet, ist unklar, ebenso ob ein Bratschenpult besetzt war.[12]

20. April

Fanny notiert in ihrem Tagebuch: „Musik mit [dem Flötisten Anton Bernhard] Fürstenau (1792-1852), es war ein wunderschöner Tag, wir waren zum ersten Mal in den [Garten-] Saal gezogen, es wurde grün."[13]

25. Mai

Die Schwester Rebecka schreibt am 19. Mai an den Bruder Felix: „Sonntag wird wieder Musik bei Fanny seyn, Acis und Galathea [von Händel]."[14]

8. Juni

Fanny Hensel schreibt am 4. Juni an Felix: „nächste Woche wird bei uns Iphigenie [auf Tauris, von Gluck] gesungen, Bader [als] Orest, ist das übel?"[15] Und eine Woche später berichtet sie: „Devrient, der den Thoas übernommen hatte, ließ wie gewöhnlich im letzten Augenblick ohne besonderen Grund, absagen, und Busolt war so gefällig, für ihn zu singen."[16]

Wilhelm Hensel (1794-1861): Fanny Hensel mit ihrem Sohn Sebastian am Flügel. Bleistift-Entwurf

15. Juni

Fanny Hensel notiert in ihrem Tagebuch: „Musik mit ganzem Orchester, aus der Königstadt, und ließ meine Ouvert.[17] spielen, die sich sehr gut ausnahm."[18] Dem Bruder schreibt sie am 18. Juni: „Sonntag sind meine Königstädter Herren wieder hier gewesen, es war ein Orchester wie eine Harlekinsjacke, an der Stelle der 2ten Flöte war ein Loch, sonst Trompeten, 4 Hörner, Pauken u. Alles Plunder. Die beiden Ganz thaten sehr wohl dazwischen. Einer der Herren hatte eine schaudervolle Ouvertüre mitgebracht, was mir aber ganz recht war, u. ich bat, wenn Einer von ihnen wieder einmal etwas zu probiren hätte, möchten sie es doch hier thun, wofür sie mir sehr dankbar waren, u. mir sämmtlich ihre Dienste angeboten haben. [...] Meine Ouvertüre ging das letzte Mal sehr gut, u. schien ihnen allen gefallen zu haben."[19]

29. Juni (?)

Die Mutter schreibt ihrem Sohn am 26. Juni, dass sein „Ave Maria" „bei Fanny nächst. Sonnt. gemacht werden [sollte], aber Bader kann nicht."[20] Die Absage eines Sängers lässt nicht unbedingt den Schluss zu, dass Fanny dann ein Konzert hat ausfallen lassen. Doch würde hier ein Verzicht die traurige Feststellung vom 9. Juli ihrem Bruder gegenüber erklären: „Meine Sonntage sind jetzt so ziemlich den Krebsgang gegangen, Alles ist verreist, auseinander, u. dazu war die Hitze zu groß in den vorigen Wochen."[21]

14. Dezember

Die große Pause wird bestätigt durch Fanny Hensels Bemerkung am 10. Dezember von den am nächsten „Sonntag wieder anfangensollenden Musiken"[22] und Mutter Leas Bericht vom 17. Dezember: „Fanny hat Sonnt. ihre Morgenplaisirs brillantissime eröffnet."[23]

Das Programm:

Beethoven: eine Sonate für Violoncello und Klavier, gespielt von M. Ganz.

C. M. v. Weber: „Der Freischütz", Arie der Agathe „Wie nahte mir der Schlummer", gesungen von P. Decker.

C. M. v. Weber: Klavierquartett B-Dur, op. 5 bzw. 11.

Dann war der berühmte französische Geiger Charles Philippe Lafont (1781-1839) zu Gast, der am 2. und 12. Dezember öffentlich aufgetreten war. Die Mutter erwähnt: „Variat. v. und mit Lafont", die Fanny auf dem Klavier begleitete. Fanny Hensel hat sich über den Geiger zwar positiv, aber über seine Kompositionen ziemlich negativ geäußert[24], bei der Mutter hinterließ er einen zwiespältigen Eindruck: zwar sprach sie nach einem „soiréechen", das sie ihm im Januar 1835 gegeben hatte, von seinen „Firlefanze" und fand ihn „fad und abgeschmackt"[25], doch hat sie nach der Sonntagsmusik vom 1. Februar 1835 dann doch ihr Urteil über ihn relativiert (s. u.).

28. Dezember
F. Mendelssohn Bartholdy: „Lieder ohne Worte" und Fugen für Klavier; Fanny Hensel schreibt am 27. Dezember dem Bruder: sie sollen „morgen in pleno" vorgetragen werden[26], und nach dem Konzert nur ganz kurz: „Publicus war sehr entzückt."[27]

1835

1. Februar (?)
In einem Gemeinschaftsbrief der Familie vom 3. Februar an Felix schreibt die Mutter nur kurz über den Geiger: „Lafont spielt doch schön, elegant, sauber und nimmt sich mit Fanny sehr gut aus" – möglicherweise auf einer Sonntagsmusik zwei Tage zuvor.[1]

15. Februar
F. Mendelssohn Bartholdy: „Rondo brillant" für Klavier und Orchester, op. 29
Fanny spielte es, wie sie dem Bruder zwei Tage später schreibt, „mit doppeltem Quartett u. Contrabassbegleitung", „unter allgemeinem Beifall, u. ich war toll genug, es, obgleich sehr unwohl, hustend, u. matt wie eine Fliege, zweimal zu spielen, solche Lust hatte ich daran."[2]
Vielleicht hat hier auch wieder der Geiger Lafont gespielt, da die Mutter am 21. Februar berichtet, er habe „bei Fannys gr. trio v. Be[eethoven am] Sonnt. *wirkliche* Thränen gepiangert"[3] – der genaue Zusammenhang ist leider unklar.
Ebenso unklar ist, auf welches Konzert sich eine Bemerkung des Vaters in seinem Brief vom 30. März an Felix bezieht, dem er schreibt, dass dessen namentlich nicht genannter „alter Protector von der runden Ecke, und mit dem spitzen Kopfe" gestorben sei, und ergänzt: „Er hat Fannys Musiksonntage eifrigst besucht, und sie hat, ich glaube auf

meinen Vorschlag, einige Stücke aus dem Mozartschen Requiem ihm in die andre Welt nachgesandt. Vorher wurde Bachs: Herr gehe nicht [ins Gericht, Kantate BWV 105] pp. gesungen."[4]

1. März
Bach: Kantate „Gottes Zeit ist die allerbeste Zeit" (Actus tragicus), BWV 106.
F. Mendelssohn Bartholdy: „Ave Maria" für 8-stimmigen Chor, op. 23 II.[5]
Der Vater nahm diese Sonntagsmusik zum Anlass, sich sehr ausführlich zu den beiden Kompositionen zu äußern.[6]

15. März
Haydn: ein Klaviertrio.
Bach: „Der Hirte sprachs", „worin Stümer das solo a prima vista *sehr* gut vortrug" (nach dem Eindruck der Mutter).
F. Mendelssohn Bartholdy: Chöre aus dem Liederspiel „Heimkehr aus der Fremde", op. 89.
Mozart: Klavierquartett g-Moll, KV 478.
Wegen des kranken Vaters fand das Konzert in den Räumen der Eltern im Vorderhause statt.[7]

12. April
Bach: Kantate „Herr, deine Augen sehen nach dem Glauben", BWV 102.
Bach: Arie „Wir zittern und wanken" aus der Kantate „Herr, gehe nicht ins Gericht", BWV 105, gesungen von P. Decker.[8]

10. Mai
Händel: „Samson", Auszüge.
Die Mutter schreibt darüber einen Tag später an Felix: „Gestern, pour la clôture de la musique de Fanny, wars brillant im Gartensaal", „mit der Decker, Stümer, der Türrschmid und einem sehr gewählten guten Chor. Sie spielte und dirigirte prächtig, digne de ta sœur, cher enfant. Das Wetter war prächtig und trotz der vielen Hörer (die sich vor dem Saal zum Theil ausbreiteten) alles tüchtig und erfrischend."[9]
Lea berichtet am 12. Mai in ähnlichen Worten auch ihrer Cousine Henriette von Pereira-Arnstein nach Wien darüber und schließt mit den Sätzen: „Ihr [Fannys] Einstudiren und Dirigiren, aus der Partitur

begleiten u.s.w. ist wahrlich eine seltne Erscheinung unter Frauen. Ja, wenn ich solchen Kapellmeister gehabt hätte! sagte Graf Brühl voriges Jahr, als er bei ihrer Aufführung der Iphigenie zugegen war"[10] – Brühl war der Intendant der Königlichen Oper.

Fanny Hensel reiste mit ihrer Familie zum Niederrheinischen Musikfest am 7./8. Juni in Köln, das der Bruder Felix leitete. Von dort aus ging die Reise weiter nach Frankreich und Belgien; am 27. September traf sie wieder in Berlin ein.

15. November
Bach: Kantate „Herr, gehe nicht ins Gericht", BWV 105.
Bach: Kantate „Liebster Gott, wann werd' ich sterben", BWV 8.
Fanny Hensel berichtet darüber dem Bruder am 18. November: „Ich habe Sonntag meine Musiken wieder angefangen"[11] und notiert in ihrem Tagebuch: „Die Chöre waren stark, alle Solostimmen sehr schön besetzt, die Decker und Thürrschmiedt, Stümer und Hauser sangen wunderschön."[12] Weitere Namen von Sängerinnen in den Chorpartien nennt die Mutter: Rosa Behrend, Haber, Constanze Blank und Antonie Nöldechen; auch die Mutter selbst hat mitgesungen; in welcher Funktion und welcher der Brüder Ganz mitgewirkt hat, lässt sie offen – möglicherweise hat Moritz am Violoncello die Bassstimme verstärkt.[13]

Fanny Hensel erwähnt in ihrem Brief an den Bruder: „Das nächste Mal denke ich mich zu erfrechen, Dein Concert [op. 25] zu spielen, ich will einmal sehn, ob es beißt."[14] Die offensichtlich für den 29. November projektierte Sonntagsmusik fand nicht statt: am 19. November war der Vater gestorben.

1836

19. Juni
Die Mutter schreibt am 21. Juni an Felix: „Sonntag eröffnete Fanny wieder ihre musikalischen Sonntagsmorgen (die seit November geruht) mit dem 1. Theil des Paulus."[1] Als Solisten erwähnt sie Pauline Decker und Franz Hauser.
Fanny Hensel war zu der Uraufführung von Felix' Oratorium am

Pfingstsonntag, dem 22. Mai, nach Düsseldorf gereist, hatte dort im Chor mitgesungen und danach dann offensichtlich gleich mit den Proben für eine eigene Aufführung begonnen.

Aus den nächsten Wochen sind Daten von Sonntagsmusiken nicht bekannt. Eine weitere Aufführung des „Paulus" kam im Sommer nicht mehr zustande; sie schreibt dem Bruder am 30. Juli: „Zwei sehr hübsche angenehme Proben des Paulus habe ich gehalten, so lange die Decker hier war, nun aber strebt Alles dermaßen auseinander, dass ich wol glaube, ich werde die ganze Sache bis auf den Herbst verschieben müssen."[2]

Trotzdem hat sie wieder eingeladen: „Ich habe", berichtet sie in demselben Brief dem Bruder, „da es Hensel wünschte, wieder Sonntags zu spielen angefangen, aber Ganzens sind noch nicht hier, und mich von Alwin [Alevin] mit Vergnügen begleiten zu lassen, dazu bin ich wirklich zu verwöhnen."[3] Aber mehr als zwei Konzerte dürften es wohl kaum gewesen sein.

Sie lebte den Sommer über sehr zurückgezogen und hat darüber auch in bezeichnenden Worten dem Bruder berichtet.[4]

4. Dezember

Am 16. November schreibt Fanny Hensel ihrem Bruder über „eine solche musikalische Apathie, daß ich wirklich in Jahr u. Tag [d. h. seit dem Tode des Vaters] keine eigentliche Musik gemacht habe. Indeß habe ich beschlossen, mich herauszureißen, u. Ende des Monats mit Deinem Psalm [wahrscheinlich op. 31] u. den drei Nonnenstücken [op. 39] wieder anzufangen, die ich sehr hübsch besetzen kann."[5]

Aus einem Brief der Mutter an Felix geht dann das genaue Datum des Konzerts hervor; sie nennt auch die Sängerinnen Decker, Türrschmidt und Behrend für die „Nonnenstücke."[6]

18. Dezember

In ihrem Brief vom 19. Dezember an den Bruder beschreibt Fanny Hensel die Probe zum „Paulus" tags zuvor[7], zu der sie wohl Bekannte eingeladen hatte (sie nennt namentlich beider früheren Klavierlehrer Ludwig Berger) und die vielleicht als „Sonntagsmusik" gedacht war – die Formulierung in einem Brief vom 16.12. „Uebermorgen habe ich Musik" legt dies nahe.[8]

44

22. Januar
F. Mendelssohn Bartholdy: „Paulus", op. 36.
Solisten: Decker, Bader, Stümer, Bötticher, u. a.
Fanny Hensel erwähnt in ihrem Tagebuch „eine möglichst vollständige Aufführung"[1] – also waren einige Nummern offensichtlich ausge-
lassen worden. Die Mutter berichtet tags darauf an Felix: „Fanny hat
Wunder gethan, die Solosänger auch, nur die Chöre waren schwach,
obschon präcis. Trotz der Grippe 30 Sänger und über 100 Zuhörer.
Nach der Generalprobe behielt Fanny die Gesellschaft Abends bei
sich und bewirthete sie mit kaltem soupé und Punsch. [...] alles war
davon hingerißen, und Du weißt wie *un*impressionable die Berliner
sind! Von meiner Empfindung und meinen Thränen sprech ich nicht.
[...] Fanny hatte alles auf das Hübscheste angeordnet. In der Balkon-
stube ward gesungen, die Thüren in allen Stuben ausgehoben; aus dem
blauen Salon alles weggeräumt, so daß 100 Personen sitzen konnten."[2]
Und an die Cousine in Wien schreibt sie ähnlich: „Fanny, die würdige
Musenschwester Felixens, hat beim Einstudiren und Dirigiren Vor-
treffliches geleistet, und man konnte es der aufmerksamen Stille und
der ungemeinen Theilnahme der über 100 Personen starken Gesellschaft wohl anmerken, daß der Funke überall gezündet hatte. Die
soli waren doch das beste was man hier hat, sehr schön ausgeführt,
nur schienen die Chöre natürlich, wegen geringer Personenzahl und
beschränkten Raums sehr schwach."[3]

Ein undatiertes Einladungsschreiben von der Hand der Mutter an eine
unbekannte Adressatin[4] ist erhalten, das aber vielleicht auch zu der
Wiederholung am 25. Juni 1837 gehört:

Frau Dr. Meyer, geborene Gedicke, Wohlgeb. Kochstraße 21
Mit vieler Freude hörte ich, daß die Komposition des Paulus Ihnen
gefällt, verehrte Frau! Da meine Tochter Fanny Hensel nächsten Sonn-
tag früh um halb 12 Uhr dies Oratorium am Klavier aufzuführen
gedenkt, so erlaube ich mir die ergebene Anfrage, ob es Ihnen Vergnü-
gen macht, derselben beizuwohnen, wozu Sie hiermit im Namen mei-
ner Tochter und dem meinen freundlichst einladet Ihre gehorsamste
Dienerin L. Mendelssohn Bartholdy.

Leipziger Straße 3. Der Eingang durch den Thorweg oder die kleine Pforte nach dem Gartengebäude.

Am 22. März schreibt Fanny Hensel an den Bruder Paul: „Ich beabsichtige noch für diesen Monat eine hübsche Musik; [Glucks] Iphigenie

Lea Mendelssohn Bartholdy: Brief an Frau Dr. Meyer (Januar oder Juni 1837)

in Aulis"[5] – da auf den 26. März das Osterfest fiel, hätte die Aufführung frühestens am 2. April stattfinden können. Näheres ist darüber nicht bekannt. Am 3. April erlitt sie eine Fehlgeburt – und so waren vorerst ohnehin alle Aktivitäten unmöglich geworden.

25. Juni
Wiederholung der Aufführung des „Paulus" – nun aber im Gartensaal, mit etwa 50 Sängern, wobei die Chöre und einige andere Stellen mit Violoncello und Kontrabass verstärkt wurden, die Schwester „Rebecka spielte die ouverture mit," wie die Mutter tags darauf an Felix berichtet.[6] Es sangen die Solisten der ersten Aufführung, nur P. Decker teilte sich die Partie mit R. Curschmann.[7]
Die Mutter beschreibt ein „so überaus reizendes Paulusfest": in allen Räumen waren Tische „mit erfrischenden Getränken und bonbons, und nebst den vielen, von neulich her geschriebenen Texten hatte ich 100 drucken laßen. Fanny hatte nicht nur alle ihre Bekannte eingeladen, sondern in der Probe gesagt, jeder möchte ein paar Personen denen es Vergnügen machen könnte, mitbringen, eine Erlaubniß, von der manche bescheiden, andre aber Gebrauch bis zu 6 und 10 Individuen machten. [...] Nach ungefährer Schätzung sind es wenigstens 300 gewesen."[8]

9. Juli[9]
Beethoven: ein Klaviertrio, mit A. Zimmermann (Violine) und dem Bruder Paul (Violoncello).
Händel: „Messias", eine Arie, gesungen von A. Türrschmidt
Bach: Kantate „Gottes Zeit ist die allerbeste Zeit" (Actus tragicus), BWV 106.

23. Juli[10]
Bach: Kantate „Ihr werdet weinen und heulen", BWV 103.
F. Mendelssohn Bartholdy: „Mitten wir im Leben sind", op. 23 III.
Dann spielte Fanny „mehrere ihrer und Deiner Präludien und Fugen," wie die Mutter an Felix schreibt.

September
Während der Anwesenheit Ferdinand von Woringens (1798-1896), der sich für einige Wochen in Berlin aufhielt, berichtet die Mutter an ihre Wiener Cousine am 30. September: „Fanny hat ihre Sonntagsmusiken,

statt aller 14 Tage, jede Woche seinetwillen gegeben, und wir hörten von Ferdinand v. Woringen in diesem Zeitraum den Judas und Samson von Händel und Felixens Paulus, den er mit ganz besondrer Liebe und in hoher Vortrefflichkeit vorträgt, und zahllose Lieder, Arien, Duette, ernster und heitrer Gattung."[11] Von den drei Oratorien dürften wohl nur Auszüge aufgeführt worden sein.

Der musikbegeisterte Jurist gehörte zu der aus Düsseldorf stammenden Familie der Woringens, mit der die Mendelssohns herzlich befreundet waren. Er befand sich auf der Durchreise nach Liegnitz, wo er eine Stelle als Regierungsrat antrat. Über seine Stimme schreibt die Mutter nach Wien: sie „hat durch die wahre Wuth mit der er stets gesungen, durch seine Leidenschaftlichkeit und Selbstvergeßensein im Vortrage der ihm zusagenden Musik freilich gelitten; aber sein Ausdruck ist so edel und großartig, seine Aussprache so selten angenehm und deutlich, sein Feuer so hinreißend, daß selbst unsre kalten, steifen Menschen, sowohl im Hören als im eignen Gesang, ergriffen und belebt wurden."

Vom 11. bis zum 29. Oktober besuchte Fanny Hensel den Bruder Felix und seine Frau Cécile, die sie zu ihrem Leidwesen immer noch nicht kennen gelernt hatte, in Leipzig.

5. November
Wiederbeginn der Sonntagsmusiken.[12]
Bach: Kantate „Liebster Gott, wann werd' ich sterben", BWV 8.
F. Mendelssohn Bartholdy: Präludien und Fugen für Klavier.
Bach: Kantate „Du Hirte Israel", BWV 104.

19. November[13]
Beethoven: eine Klaviersonate.
F. Mendelssohn Bartholdy: Drei Motetten, op. 39 (die sog. „Nonnenstücke"), gesungen von P. Decker, R. Curschmann und A. Türrschmidt.
Haydn: 3 mehrstimmige Gesänge auf Texte von Christian F. Gellert (in Hob. XXVb und c).
Bach: Kantate „Herr, gehe nicht ins Gericht", BWV 105.

3. Dezember[14]

Charles de Bériot (1802-1870): Variationen für Violine, gespielt von Henri Vieuxtemps (1820-1881).

Beethoven: Klaviertrio D-Dur, op. 70/1, mit Vieuxtemps, M. Ganz und F. Hensel am Klavier.

Mozart: „Davidde penitente", P. Decker sang die Partie des ersten Soprans, für sie hat Fanny die Arie „Fra l'oscure ombre funeste" von C- nach B-Dur transponiert und mit einer großen Kadenz versehen[15], „womit sie Furore machte", wie Fanny dem Bruder schreibt, „es waren 120-30 Personen hier, u. es war fast unser brillantester Musikmorgen."[16] Und die Mutter resumierte: „Fannys Musikmorgen werden ganz famos und geben in der That was hier am besten vorhanden."[17]

Der berühmte belgische Geiger, Schüler von Bériot, war seit Ende November in Berlin und trat zum ersten Mal in einem Konzert des Friedrichstifts am 9. Dezember auf, ein eigenes Konzert gab er am 18. in der Sing-Akademie.

17. Dezember[18]

Chopin: eine Etüde für Klavier, gespielt von Johanna Mathieux (1810-1858), „meines Erdünkens viel zu klobig für das zarte Wesen des Komponisten" (nach dem Eindruck der Mutter).

C. M. v. Weber: „Euryanthe", Duett Euryanthe / Eglantine „Unter ist mein Stern gegangen", gesungen von P. Decker und Stilke.

F. Mendelssohn Bartholdy: Streichquartett e-Moll, op. 44/2, gespielt von H. Vieuxtemps, den Brüdern Ganz und dem Bruder Paul, mit dem Scherzo da capo.

C. M. v. Weber: Klavierquartett B-Dur, op. 5 bzw. 11, gespielt von H. Vieuxtemps und den Brüdern Ganz, Fanny am Klavier.

C. M. v. Weber: „Oberon", Finale des 1. Akts[19], gesungen von P. Decker.

Vieuxtemps: Variationen über eine Romanze von Beethoven.

Johanna Mathieux, geb. Mockel, heiratete später Johann Gottfried Kinkel. Sie war vom Bruder Felix der Familie in Berlin empfohlen worden und hielt sich hier von 1836 bis 1839 auf (s. ihre Erinnerungen im Anhang, S. 67).

14. Januar
Nur das Datum und der berühmte Gast sind überliefert: Die Mutter berichtet am 19. Januar dem Sohn: „Sonntag Mittag nach Fannys Musik aßen Novellos bei mir"[1] – Vincent Novello mit seiner Tochter Clara (1818-1908), die am 1. Februar im Schauspielhaus ihr erstes eigenes Konzert gab.

21. Januar
Mozart: „Titus"
Clara Novello sang die beiden Arien der Vitellia, Pauline Decker die übrigen Partien der Vitellia und die Arie des Sesto „Parto, parto", Auguste von Faßmann die übrigen Partien des Sesto, Rosa Curschmann den Annio.[2]
Die Aufführung „machte den größten Rumor", notiert sich Fanny Hensel in ihrem Tagebuch[3]. Die Tante Henriette (Hinni) Mendelssohn schreibt darüber kurz an ihren Sohn Benjamin und seine Frau Rosa: „Fanny hat, wie Ihr wisst, schohn seit Jahren oft die Sonntags Musiken bej sich. Jetzt ist das so ausgedehnt daß diese Vormittags Musiken große Epoche hier machen und die ganze musikalische Welt wie auch die vornehme & elegante, drängt sich dazu. Den lezten Sonntag sangen 4 musikalische Sterne bej ihr", gemeint sind die vier Sängerinnen.[4]

4. Februar (wahrscheinlich)
Die Mutter schreibt an ihre Cousine am 6. Februar nach Wien: „Fanny hatte in ihren 3 letzten Musikmorgen einen glänzenden Kranz wetteifernder Sängerinnen, und es fand sich eine solche Maße [!] Hörer ein, daß ihre 3 Zimmer vollgestopft waren, und das Schlafzimmer auch zur Hälfte genommen werden mußte."[5]

25. Februar
Da Fanny Hensel am Montag, dem 19. Februar, in einem sog. Dilettantenkonzert öffentlich aufgetreten ist[6] – sie spielte des Bruders erstes Klavierkonzert – ist vielleicht die für den 18.2. „reguläre" Sonntagsmusik auf den 25.2. terminiert worden.
Die Mutter berichtet, dass Fanny „einen großen Beethoven" spielte, Auguste Türrschmidt das Arioso „Doch der Herr vergisst die Seinen

nicht" (aus dem „Paulus") sang und Mozarts „Davidde penitente"
wiederholt wurde, in der aber Pauline Decker „die brillante Arie"
wegließ.[7]
Ursprünglich hatte Fanny Hensel gehofft, an diesem Sonntag mit
Clara Novello Mozarts „Don Giovanni" aufzuführen, den sie schon
dreimal angesetzt hatte, aber der Plan zerschlug sich.[8]

Über weitere Sonntagsmusiken 1838 ist nichts bekannt. Im April plante
sie wieder eine Aufführung von Glucks „Iphigenie in Aulis"[9], die aber
offensichtlich nicht zustande kam. Als sich von Mai bis September
ihr Mann in England aufhielt, hat sie, um nicht irgendeinem dummen
Gerede Vorschub zu leisten, auf ihre Konzerte verzichtet. Für die Zeit,
als Felix mit seiner Familie in Berlin war, notiert sie in ihrem Tagebuch rückblickend: „Musik machten wir wol, aber nur unter uns, da
ich wegen Wilhelms Abwesenheit keine Sonntagsgesellschaften haben
wollte. Ein Paarmal hatten wir Abends im Gartensaal Chor, wo Felixens neue Psalmen gesungen wurden, und er öfters spielte"[10] – aber das
fand im privaten Kreise statt.

1839

10. Februar
Die Mutter berichtet am 11. Februar der Cousine in Wien: „Fanny hat
gestern ihre erste Vormittag Musik seit dem Herbst gegeben, in ihren
mäßig großen 3 Stuben waren mehr als 120 Personen eingestopft."[1]
Das Programm:
F. Mendelssohn Bartholdy: „Variations concertantes" für Violoncello
und Klavier, op. 17.
Rossini: „La donna del lago", ein Arie, gesungen von Mary Shaw
(1814-1876)
F. Mendelssohn Bartholdy: ein Psalm (op. 31 ?).
F. Mendelssohn Bartholdy: „Paulus", das Arioso „But he Lord is
mindful of his own", gesungen von Mary Shaw.
Gluck: „Alceste", Schluss-Szene (wohl 2. Akt), mit A. von Fassmann.
Die englische Altistin, die in Leipzig in 16 Konzerten große Triumphe
gefeiert hatte, war von Felix der Familie in Berlin empfohlen worden.
Sie trat öffentlich in Berlin erst am 21. Februar auf und gab danach nur
noch zwei Konzerte (am 25.2. und 4.3.).

17. Februar

Die Mutter schreibt in ihrem Brief vom 21./22. an Felix: „Fannys Sonntag war wieder brillantissime"[2] – der kurze Abstand zum vorigen Konzert wird wohl durch Mary Shaw bedingt gewesen sein.

Das Programm:

Beethoven: Klaviersonate, wahrscheinlich op. 27/2, cis-Moll.

Gluck: „Iphigenie in Aulis", 1. Akt, gesungen von A. von Fassmann und R. Curschmann, Mayet (Agamemnon), Kusser (?) (Kalchas).

Beethoven: „Ah perfido!", Szene und Arie für Sopran und Orchester, op. 65, gesungen von M. Shaw.

F. Mendelssohn Bartholdy: „Paulus", Arie „But the Lord is mindful of his own", gesungen von M. Shaw „ganz vortrefflich", wie die Mutter nach Wien meldet.[3]

Ein weiteres Konzert hat noch stattgefunden, da Fanny Hensel in ihrem Tagebuch notiert: „Musik hatte ich im Winter [1838/39] nur 3mal, als die Shaw hier war, nachher hörte die Decker, ihrer Schwangerschaft wegen, auf zu singen, die Curschmann war unwohl, und da konnte ichs nicht mehr zusammenbringen."[4]

Ende Juni bis Anfang August begleitete sie die Schwester Rebecka nach Heringsdorf an die Ostsee, Ende August trat sie zusammen mit ihrem Mann und dem Sohn Sebastian die lang ersehnte Reise nach Italien an.[5]

1840

Konzerte, ihren Berliner Sonntagsmusiken vergleichbar, hat Fanny Hensel während des halbjährigen Aufenthalts in Rom nicht veranstaltet. Aber sie hatte ein Klavier gemietet und hat in der Wohnung in der Via del Tritone in improvisierter Weise mehr oder minder spontan, aber auch mit vorheriger Planung und entsprechenden Einladungen viel musiziert. In einigen jungen deutschen Malern und vor allem in den Stipendiaten der Académie de France in der Villa Medici fand sie musikbegeisterte Hörer, die ihr große Anerkennung zollten und sie auch zum eigenen Komponieren anregten. Gelegentlich ist sie auch in den Konzerten aufgetreten, die Ludwig Landsberg in seinen Räumen am Corso veranstaltete, obwohl die Programme dort ihr nicht immer zugesagt haben. Eine Art Resumee hatte sie schon am 25. März gezogen, als sie an ihre Familie nach Berlin schrieb: „ich bin gesonnen, mich mit erneuerter Wuth in die Sonntagsmusiken zu stürzen, die schlechte Musik, die ich hier machen muß, und das gute Publicum, das ich dazu habe, erfüllen mich mit neuem Eifer."[1]

Am 11. September war sie mit ihrer Familie wieder in Berlin eingetroffen. Noch im September beginnt sie, das neue Klaviertrio, op. 49, ihres Bruders zu üben und schreibt ihm darüber: „es ist aber sehr schwer. Wenn ich einmal wieder anfange, Musik zu machen, soll es das Erste seyn" – und damit ist ihr traditioneller „Sonntagsmorgen" gemeint – „Es ist mir aber noch gar nicht danach zu Muth."[2]

Dann nehmen ihre Pläne aber doch konkrete Formen an: am 5. Dezember wendet sie sich an Felix: „Ferner bitte ich Dich, mir zu schreiben, ob Ihr irgend etwas Erbauliches und Beschauliches für Eure Quartettsoireen habt, das ich für meine Sonntagsmusiken brauchen könnte, die ich nächste Woche wieder anzufangen gedenke."[3] Doch wurde der Termin dann ins neue Jahr verschoben.

1841

„Am 10ten Jan[uar]
haben unsere Sonntagsmusiken wieder einen recht brillanten Anfang genommen, und wir denken sie nun so fortzusetzen", notiert Fanny Hensel in ihrem Tagebuch.[1]

24. Januar
F. Mendelssohn Bartholdy: 114. Psalm, op. 51 (wahrscheinlich). Fanny Hensel berichtet dem Bruder über „Deinen Psalm", dass „der nach 2 Proben überraschend gut ging. Es war ein, für die blaue Stube, imposanter Chor von 25 Personen versammelt, u. er ist gerade jetzt sehr gut komponirt, so daß es wirklich mächtig klang. Wir nahmen ihn zu Anfang, u. mußten ihn am Schluß wiederholen."[2]

7. Februar
Karl Anton Florian Eckert (1820-'79): Oratorium „Judith", Auszüge. Die beiden Schwestern Fanny und Rebecka waren in der Uraufführung am 28. Januar in der Sing-Akademie[3] gewesen, und Fanny hat sich über die Komposition dem Bruder gegenüber recht positiv geäußert, fand aber die Sängerin der Hauptpartie, Aurora Hoffkuntz,

„höchst kläglich."[4] Deren Partie wurde nun von Pauline Decker übernommen; da die Sänger Bötticher und Mantius der Uraufführung zu
Fanny Hensels „Stamm" gehörten, werden sie wohl auch am 7.2. mitgewirkt haben.

Die Mutter schreibt am 17. Februar an die Cousine in Wien: „Fannys
Morgenmusiken alle 14 Tage, sind nun auch in schönstem Gange, sie
hat sich ein Wiener piano[5] kommen laßen, mit dem sie sehr zufrieden
ist, und spielt und dirigirt ihren kleinen, braven Chor sehr gut."[6]

Daten aus den nächsten Wochen sind nicht bekannt. Ob die Sonntagsmusiken kontinuierlich fortgesetzt wurden, erscheint fraglich,
da Fanny Hensel am 4. März mit dem Klaviertrio ihres Bruders, das
sie selbst als „sehr schwer" empfand[7], in einem Dilettantenkonzert
öffentlich auftrat[8] und sie in ihrem Tagebuch notierte, dass bei ihr zu
Hause wie „mit der ganzen übrigen Stadt, Alles krank" war; sie selbst
litt „leichter", ihr Mann aber „recht ernstlich an der Grippe".[9]

2. Mai
Sonntagsmusik in Anwesenheit des Malers Peter Cornelius.[10]

16. Mai
Sonntagsmusik in Anwesenheit des preußischen Diplomaten Christian Karl Josias von Bunsen und des Bruders Felix.[11]

30. Mai
Sonntagsmusik in Anwesenheit des Bildhauers Bertel Thorwaldsen.[12]
Aufgeführt wurde der zweite Akt aus Glucks „Iphigenie auf Tauris",
außerdem spielte der Graf Wielhorsky eine Komposition für Violoncello und „Mde Duflot-Maillard" sang – aber Näheres nennt die Mutter
nicht.

Der russische Graf Mathias von Wielhorsky (1794-1866) galt als
vorzüglicher Violoncellist; Felix hat ihm den Druck seines Opus 58
gewidmet.

11. Juli
Die Mutter berichtet am 26. Juli an Felix: „Gestern vor 14 Tagen trat
sie [Giuditta Pasta, 1795-1865] in den Saal, als die Decker eben d. 1.
Akt der Iphigenie[13] sang; wie ein Lauffeuer ging das Gemurmel, die

Pasta, die Pasta! und die Stimme der D. ward augenblicklich alterirt: diese hat ihr aber großes Lob ertheilt, und nun ward noch mi paventi [aus der Oper „Britannico" von Karl Heinrich Graun] als Triumph improvisirt; die Meinung der Matthieuschen Vogelkantate[14] brachte ich der P. tant bien que mal bei: als Nachtigall sprach die D. dann hier für sich allein: es ist ein allerliebster Scherz."[15]
Die berühmte Sängerin hatte am 22. Juni ein eigenes Konzert im Opernhaus gegeben und ist dann in verschiedenen italienischen Rollen im Königstädtischen Theater aufgetreten, zuletzt auch noch als Semiramide im Opernhaus.

25. Juli
F. Mendelssohn Bartholdy: 1. Klaviertrio, d-Moll, op. 49.
Mozart: ein Klavierquartett.
Lieder (ohne nähere Bezeichnung).
C. M. v. Weber: „Euryanthe", Finale.
Die Mutter, die diese knappen Notizen dem Sohn mitteilt, ergänzt: „die Musiken sind nun auf kurze Zeit ausgesetzt, weil die meisten Damen des Chors verreisten."[16]
Aber die Pause sollte sich viel länger hinziehen. Am 1. November schreibt Fanny Hensel ihrer Schwägerin Luise Hensel: „Meine Musiken haben seit dem Juli aufgehört, und werden wol schwerlich vor Neujahr wieder anfangen."[17]

1842

Wann die Sonntagsmusiken wieder begonnen haben ist nicht bekannt. Die Tante Henriette (Hinni) erwähnt sie nur kurz in einem Brief an ihre Schwiegertochter vom 24. April: „so viel will ich nur berichten daß Fannys musikalische *Morgen* sehr besucht und sehr fashionable sind."[1] Ob Franz Liszt im Frühjahr 1842 in ihren Sonntagskonzerten aufgetreten ist, erscheint fraglich, da anzunehmen ist, dass darüber in Briefen berichtet worden wäre; allerdings erwähnt die Mutter einmal, dass „er öfters bei Fanny war"[2] – so wie er bei den Brüdern Paul und Felix im Dezember 1841 in privaten Gesellschaften gespielt hat, kann dies auch bei der Schwester gewesen sein.

1. Mai

Die Mutter schreibt an die Cousine in Wien am 30. April: „Wenn doch der 1. Mai morgen uns einen wohlthätigen Regen senden wollte! Wenigstens werden wir in Haydns wunderlieblichen Tönen darum flehen. Fanny lässt d. 1. Theil der Jahreszeiten, nebst zwei Mailiedern v. Felix, ein empfindsames v.d Blocksberg Hexenlied [?] singen, und spielt ihr Maistück [aus dem Zyklus ,Das Jahr'].“[3]

29. Mai (?)

Die Mutter berichtet am 8. Juni ihrem Sohn: „Fannys neulicher Musikmorgen war sehr hübsch; ihr Chor von 26 Personen hat meinen großen Liebling ,Als Israel aus Egypten'[4] prächtig ausgeführt; eben so einige Stücke aus [Felix'] ,Lobgesang' [op. 52]. Als Regen die draußen unterm Taxus Lauschenden hineintrieb, war der Saal zum Erdrücken voll und die Zimmer mussten zu Hülfe genommen werden.“[5]

12. Juni

Die Mutter schreibt am 14. Juni an Felix: „Sonntag beendete Fanny vorläufig ihre Morgenmusiken. Wie gewöhnlich wurden andre Sachen ausgeführt, als sie sich vorgestellt. Unter andern mußte die Erndtekantate[6] wegbleiben.“[7]

Das Programm:

Beethoven: eine Klaviersonate.

Beethoven: „Fidelio“, ein Terzett.

Händel: „Messias“, eine Arie.

F. Mendelssohn Bartholdy: Auzüge aus „Paulus“, „der stets unvorbereitet und mit gleicher Liebe gesungen gehört werden kann,“ wie die Mutter ergänzt.

Ob im Herbst die Sonntagsmusiken erneut begannen, ist nicht überliefert. Nach dem Tod der Mutter am 12. Dezember war dann ohnehin der Sinn nach privaten Veranstaltungen fürs Erste erloschen.

1843

Fanny Hensel notiert am 13. März in ihrem Tagebuch: „Mit meiner Musik geht es recht schlecht. Komponirt habe ich in Ewigkeit nichts, [...] und auch meine Spielkräfte nehmen sehr ab.“[1] Auch während des Besuchs von Charles Gounod, der sich etwa drei Wochen in Berlin aufhielt, scheint sie keine Sonntagsmusik veranstaltet zu haben. Von Mitte Juni bis Mitte September befindet sich dann ihr Mann in England, und über diese Zeit hält sie in ihrem Tagebuch fest: „Musik haben wir nicht viel gemacht, da eine Schwäche in den Armen, die sich schon im Frühjahr bei mir zeigte, während des Sommers sehr zunahm, und mich ziemlich plagte und beunruhigte."[2] Doch hat sie komponiert. Über ihre „Faust"-Musik[3] schreibt sie am 12. Juli an ihren Mann: „mein Elfenstück habe ich nach Felixens Rath umgearbeitet, und es hat sehr gewonnen, jetzt ist es beim Notenschreiben, und nächste Woche werde ich es einmal probiren lassen, sobald Du zurückkommst, denke ich die Sonntagsmusiken wieder aufzunehmen, man muß sich in Athem erhalten, so lange man noch welchen hat."[4]

29. Oktober

Fanny Hensel schreibt am 31. Oktober an ihre Schwester in Rom: „Und nach anderthalb Jahren habe ich auch vorgestern zum ersten Male wieder eine musikalische Morgensoirée gehabt [...].
Es hat mir eine grosse Ueberwindung gekostet, dies Halloh wieder anzufangen und zwar nur für ein Paar Mal, denn vor dem December will ich wieder schliessen, aber Hensel wünschte es."[5] Drei Musikstücke erwähnt sie in ihrem Brief, doch das vollständige Programm scheint sie auf einem kleinen undatierten Zettel[6] notiert zu haben, der offensichtlich zu diesem Konzert gehört:

Sonate für Fortepiano und Violoncell von Mendelssohn [op. 58].
Strophen aus Faust, (Zweiter Theil, erste Scene) für Frauenchor und Solostimmen [und Klavier].
Geistliche Gesänge für den Alt, mit Chor, von Mendelssohn.[7]
Sonate [?].
Quartett aus der Zauberflöte [?].
Der erste Frühlingstag: drei 4stimmige Lieder v. Mendelssohn [a cappella, op. 48/1-3]:
1. Frühlingsahnung
2. Die Primel
3. Frühlingsfeier
Lerchengesang 4stimmiger Canon [von Mendelssohn, op. 48/4].

Offensichtlich war dies die Uraufführung ihrer „Faust"-Szene.

Fanny Hensel: Programmnotiz wahrscheinlich für die Sonntagsmusik am 29. Oktober 1843

12. November (wahrscheinlich)

Fanny Hensel schreibt am 15. November an ihre Schwester nach Rom: „Meine zweite Morgensoirée ist so schlecht gegangen, dass, wenn die dritte und letzte vor Weihnachten die Scharte nicht auswetzt, ich mich sehr besinnen werde, ob ich jemals wieder anfange."[8]

3. Dezember

Aus einem Brief Fanny Hensels an ihre Schwester: „Gestern letzte Sonntagsmusik in diesem Jahr, die sehr gut ausfiel, die Decker sang zum ersten Mal wieder und sehr schön, ich spielte das es-dur-Trio von Beethoven [op. 1/1 oder 70/2] und mit Felix die Polonaise von Beethoven[9] und die Zwischenakte zum Sommernachtstraum [von Felix] zum grossen Jubel der Leute."[10]

1844

11. Februar

„Ich habe meine Sonntags-Morgenmusiken wieder angefangen, und zwar, denke Dir, im Gartensaal, er erheizt sich ganz gut, und es war sehr hübsch, da wir grade gutes Wetter hatten", schreibt Fanny Hensel an Anna Dirichlet.[1] Aus der Programmfolge erwähnt Fanny Hensel in einem Brief an die Schwester Rebecka nur die Variationen für Klavier zu 4 Händen, B-Dur, op. 83a, die für sie das interessanteste Stück an diesem Morgen waren. Der Bruder, der sich seit November 1843 in Berlin aufhielt, hatte selbst zu diesem Konzert gedrängt, da auch ihm „die Klatschereien zu Ohren gekommen" waren, „als wolle er es nicht, dass hier Musik gemacht würde", wie Fanny schreibt[2] – es hatten also seit dem 3. Dezember 1843 keine Morgenmusiken mehr stattgefunden. Felix demonstrierte nun Einigkeit mit der Schwester, indem er seine zweihändigen Variationen, op. 83, in großer Eile umarbeitete, die Fanny sich „Sonnabend bogenweis, wie sie fertig wurden, herüberholte und ein wenig übte und die sehr gut gingen."[3] Dem Autograph gab er den witzigen Titel: „Andante con Variazioni composto per la musica delle Domeniche in casa Hensel dalla (vecchia) Vedova Felice"[4] – warum er sich hier aber als ‚alte Witwe' bezeichnet, ist unklar.

Das weitere Programm dieses Konzerts wird von Fanny Lewald genannt (s. dazu den Anhang, S. 66):

Felix Mendelssohn Bartholdy: Variationen für Klavier zu 4 Händen. Autograph, Titelseite

C. M. v. Weber: Klavierquartett B-Dur, op. 5 bzw. 11, mit den Brüdern Ganz, F. Mendelssohn an der Bratsche und F. Hensel am Klavier.
Haydn: „Die Schöpfung", eine Arie, gesungen von P. Decker.
Marschner: „Der Templer und die Jüdin", Szenen, gesungen von P. Decker und H. Behr.
Ferdinand David: Variationen für Violine und Klavier, gespielt von Joseph Joachim und F. Mendelssohn.

Weitere Konzerte fanden wohl regelmäßig statt, da sich Fanny Hensel am 16. April in ihrem Tagebuch notiert, sie hätten „im Frühjahr bis zu den Osterproben gedauert [Ostern war am 7. April], dann mit der Walpurgisnacht geschlossen, und neulich damit wieder angefangen"[5] – also offensichtlich am 14. April.

10. März

Dies war das letzte Konzert vor Ostern. Fanny Hensel schreibt am 18. März an die Schwester: „Vorigen Sonntag war auch bei uns die brillanteste Sonntagsmusik, die, glaube ich, noch jemals stattgefunden hat, sowohl was Ausführung als Publikum betraf. Wenn ich Dir sage, dass zwei und zwanzig Equipagen auf dem Hof, und Liszt[6] und acht Prinzessinnen im Saal waren, wirst Du mir die nähere Beschreibung des Glanzes meiner Hütte wohl erlassen."[7]

Das Programm (mit ergänzenden Bemerkungen aus ihrem Brief):

Hummel: Quintett es-Moll, op. 87.[8]

Beethoven: „Fidelio", ein Duett.

Ferdinand David: Variationen für Violine und Klavier, „von dem prächtigen kleinen [Joseph] Joachim gespielt, der kein Wunderkind, sondern ein bewunderungswürdiges Kind ist."

Zwei Lieder, „von denen das schöne ‚Lass die Schmerzen dieser Erde', von Eckert, von Felix und der Decker auswendig vorgetragen, wie immer grossen Beifall fand."

F. Mendelssohn Bartholdy: „Die erste Walpurgisnacht", op. 60, „auf die mein Publikum schon seit vier Wochen gespannt war und vortrefflich ging". Die Solisten waren A. Loewe, K. A. Bader und H. Behr, P. Decker sang im Chor mit.[9] Der Bruder Felix spielte mit Fanny Hensel zusammen die Ouverture vierhändig „und griff bei den schwierigsten Stellen bald im Bass, bald im Diskant mit zu, so dass eine Art von improvisirten vierhändigen Arrangement daraus ward, das sehr gut klang.

Jetzt habe ich meine Musiken bis nach Ostern aussetzen müssen, da Felix bis dahin Zeit und Leute braucht"[10] – für einige Aufführungen großer Kompositionen, die er öffentlich dirigierte.

14. April

F. Mendelssohn Bartholdy: „Die erste Walpurgisnacht", op. 60.[11]

Inwieweit die Konzerte danach noch fortgesetzt wurden, ist nicht bekannt.

23. Juni

Fanny Hensel schreibt am 19. Juni ihrer Schwester nach Italien: „Sonntag ist die letzte Musik für diesen Sommer, die will ich mit Felixens

Männerchor ‚Wer hat dich du schöner Wald' mit Hörnern und Posaunen beschliessen.“[12]

Danach sollte eine große Pause in den Sonntagsmusiken einsetzen. Am 20. September notiert Fanny Hensel in ihrem Tagebuch: „Wir selbst haben einen sehr stillen Sommer gehabt [...]. Musik habe ich nicht ein einziges Mal gehabt.“[13] Am 6. Oktober schreibt sie an Anna Dirichlet: „Wir haben übrigens das einförmigste und uninteressanteste halbe Jahr zugebracht, dessen ich mich erinnere, es läßt sich ganz und gar nichts davon sagen“[14], und am 19. November: „Wir leben hier so still hin.“[15]

Da die Nachrichten von der Schwester Rebecka und ihrem Mann aus Italien begannen, bedrohlich zu klingen, entschlossen sich die Hensels, ihnen nach Florenz zu Hilfe zu kommen.

1845

Am 2. Januar reisten sie ab und trafen am 2. August mit Rebecka und ihren Kindern gesund und heil wieder in Berlin ein.[1] Auch wenn diese Reise unter einem ganz anderen Stern stand als die in den Jahren 1839/40, blieben doch genügend positive Erinnerungen haften. Wie damals fand Fanny nicht gleich wieder den Elan für die Morgenkonzerte. Ihr Mann schrieb am 20. November an den Maler Julius Elsasser in Rom, dem sie einige Monate zuvor begegnet waren: „Unsre Musiksonntage haben noch gar nicht wieder angefangen, Fanny kann keinen rechten Humor dazu finden, da wird das Jahr 1845 wohl klanglos hinüberziehen, möge 1846 ein klangvolleres werden!“[2] So sollte es denn auch werden!

1846

15. März (?)
Am Sonntag, dem 22. März, schreibt Fanny Hensel an ihre Tante Henriette von Pereira-Arnstein in Wien: „Um Ihnen schließlich auch von mir ein Wort zu sagen, will ich Ihnen erzählen, daß ich neulich nach fast 2jähriger Unterbrechung meine Morgenconcerte wieder angefangen habe, wozu unser schöner, zwischen dem Atelier und der Wohnung gelegener Gartensaal mir so schöne Gelegenheit giebt.“[1]

August Kaselowsky (1810-1891): Fanny Hensel am Flügel. Bleistiftzeichnung, Rom 14. April 1845

Johann Gustav Droysen berichtet, dass er 1846 von Fanny Hensel einmal zu einer Sonntagsmusik eingeladen worden war; aufgeführt wurde Bachs Kantate „Gottes Zeit ist die allerbeste Zeit", BWV 106 – aber ein Datum nennt er nicht.[2]

26. April
Die Schwester Rebecka schreibt dem Bruder Felix am 23. April: „Sonntag früh bei Fanny Requiem" [von Mozart ?].[3]

10. Mai
Im Tagebuch von Giacomo Meyerbeer unter diesem Datum: „In der Matinée musicale der Professorin Hensel, wo die Chöre zu Mendelssohns ‚Athalia' [op. 74] beim Klavier aufgeführt wurden."[4]

21. Juni
Im Tagebuch von Giacomo Meyerbeer unter diesem Datum: „Matiné musicale bei der Professorin Hensel: Konzert für 3 Pianoforte von J.S. Bach,[5] Variationen für 2 Pianos von Robert Schumann op. 46."[6]

15. Juli
Fanny Hensel schreibt am 9. Juli an Felix: „nächsten Sonntag habe ich die letzte Musik für diesen Sommer."[7]

11. Oktober
Im Tagebuch von Giacomo Meyerbeer unter diesem Datum: „Matinee musicale bei der Professorin Hensel, wo man die Musik zu dem Festspiel ‚Die Ruinen von Athen' von Beethoven exekutierte."[8]

18. Oktober
In seinem Taschenkalender hat sich Meyerbeer unter diesem Datum eingetragen: „Mattinée Hensel 12 Uhr"[9], wie dann aus seinem Tagebuch hervorgeht, war er aber nicht hingegangen. Ob an diesem Sonntag Felix' „Walpurgisnacht" aufgeführt wurde oder erst am 25. Oktober, ist nicht sicher: Fanny schreibt ihm am Montag, dem 26. Oktober, über eine Aufführung seines Werks, „das letzten Sonntag wieder mit Enthusiasmums hier gesungen worden"[10], was aber nicht unbedingt den Tag zuvor bedeuten muss.

1. November

Am 31. Oktober schreibt die Tante Henriette (Hinni) ihrer Schwiegertochter: „Du liebe Rosa! Würdest gewiß gern morgen Vormittag zu Fanny's lezter Musik gehen. Gestern Abend forderte Hensel uns alle sehr dringend auf zu kommen und die übrige Familie wird gewiß der Einladung folgen aber ich werde den schönnen stillen Sonntag Morgen zuhause bleibend genießen."[11] Auch Fanny schreibt ihrem Bruder, es sei „für diese Season das letzte Concert"[12] – warum es so angekündigt wurde, ist nicht bekannt, dass es aber tatsächlich das letzte 1846 war, geht aus ihrem Tagebuch hervor.[13]

1847

11. April

Fanny Hensel notiert am 12. April in ihrem Tagebuch: „Gestern 11ten, ging ich früh zu Rebecka Caffee trinken [und um ihr zum Geburtstag zu gratulieren], und hatte dann meine Eröffnungsmusik, wobei ich mein [Klavier-] Trio [op. 11] spielte. [...] gestern scheint es allgemein angesprochen zu haben. Die übrigen Musikstücke hatte ich hauptsächlich nach feierlichen Texten ausgesucht und mit einigen Nr. aus Händels Te Deum angefangen."[1] Offensichtlich war dies der erste Musikmorgen 1847.

(16. Mai)

Fanny Hensel probt am Freitag, dem 14. Mai, Felix' ‚Walpurgisnacht,' die am 16. aufgeführt werden soll. Während der Probe erleidet sie einen Gehirnschlag und stirbt noch an demselben Abend. Die Tante Henriette (Hinni), die am 21. Mai ihrem Sohn und seiner Frau einen ausführlichen Bericht über die letzten Stunden Fannys gibt, resumiert: „Einen schönneren Tod, mitten in der Ausübung ihrer liebsten Beschäftigung, sich ganz befriedigt fühlend und geliebt und geachtet von allen die sie kannten, giebt es nicht."[2]

Dokumente

Fanny Lewald (1811-1889): Meine Lebensgeschichte. 3. Abtheilung: Befreiung und Wanderleben, 1. Theil. Berlin 1862, S. 196-201

Es gab noch immer einzelne Frauen, in deren Zimmern sich eine aus allen Ständen gemischte Gesellschaft zusammenfand, und unter diesen Letztern nahm die älteste Schwester von Felix Mendelssohn, die an den Maler Wilhelm Hensel verheirathete Fanny Mendelssohn die erste Stelle ein. Sie war klein, und die seelenvollen mächtigen Augen ausgenommen, eigentlich unschön, aber sie hatte einen scharfen Verstand, war sehr unterrichtet, sehr selbstbestimmt und als Musikerin ihrem Bruder ebenbürtig. Auch ihre jüngere Schwester, Rebekka, die Frau des berühmten Mathematikers Lejeune Dirichlet und der jüngste Bruder, der Bankier Paul Mendelssohn waren äußerst musikalisch, und die Matineen, welche Frau Hensel in den stillen, weiten Sälen ihrer Gartenwohnung veranstaltete, waren außerordentlich interessant. Sie bewohnt den Gartenflügel ihres elterlichen Hauses, desselben, in welchem sich jetzt die erste Kammer [das Preußische Herrenhaus] befindet, und aus den bis zum Boden hinabreichenden Fenstern dieses Hinterhauses, das nur aus einem *Rez de Chaussée* bestand, aus ihren kunstgeschmückten Räumen, sah man hinaus auf die alten Bäume eines großen Gartens, während man die vortrefflichsten musikalischen Aufführungen zu genießen hatte, in denen Künstler und ausgezeichnete Dilettanten zusammen wirkten. In einer solchen Matinee [am 11. Februar 1844] war es, daß ich Felix Mendelssohn zum ersten Male sah und hörte. Es befanden sich unter den Zuhörern noch Henrik Steffens, Friedrich von Raumer, die Künstler Wach und Tieck, eine Fürstin von Dessau, die Fürstin Radzivill mit ihren Familien, der englische Gesandte Graf Westmoreland, zwei von Bettina's Töchtern, eine Tochter des Prinzen Karl von Preußen mit ihrer Erzieherin, Schönlein, und noch eine Menge von Personen, deren Namen Bedeutung hatten, oder diese später bekamen, wie der Name des Musikers Joseph Joachim, welcher damals noch ein Knabe war und, von Felix Mendelssohn begleitet, sehr brillante Variationen von David vortrug. Während man schon musicirte richteten sich plötzlich alle Blicke nach der Thüre und ein freudiges Lächeln zog durch alle Mienen, als ein noch junger Mann in der Thüre des Saales erschien. Es war eine schlanke bewegliche Gestalt. Sie trat geräuschlos ein, den Kopf hoch gehoben, mit leuchtenden Augen, die etwas ungemein Ueberraschendes, ja etwas Ueberwältigendes hatten. Es war Franz Liszt. [Über Liszt.]

Man begann an jenem Morgen die Musik mit einem Quartett von Weber, das Frau Hensel spielte, und welches die Gebrüder Gans [Ganz] und Felix Mendelssohn begleiteten, dann trugen Frau Hensel und der Bruder Variationen *à quatre mains* von dem Letztern vor; Pauline von Schätzel, damals schon die Frau des Hofbuchdruckers Decker, sang eine Arie mit Chor aus der Schöpfung, und später mit einem ausgezeichneten Sänger, mich dünkt er hieß Bär [Behr], einige große Szenen aus dem Templer und der Jüdin, Felix Mendelssohn begleitete den Gesang auf dem Flügel, und endlich spielte Mendelssohn mit dem jungen Joachim noch die vorhin erwähnten Variationen.

Aus Johanna Kinkel's (1810-1858) Memoiren. Hrsg. von ihrem Sohne Dr. Gottfried Kinkel-Zürich. [Teil] VIII. In: Der Zeitgeist. Beiblatt zum Berliner Tageblatt Nr. 45, 15.11.1886

Das Auserwählteste von Musik, das man damals in Berlin genießen konnte, wurde durch die Reunions im Mendelssohnschen Hause geboten. Felix Mendelssohns Mutter lebte noch, und ihre beiden verheiratheten Töchter wohnten mit ihr in dem großen palastähnlichen Hause, welches sie besaß. Zu der alten Dame zog mich eine aufrichtige Verehrung und auch sie schien mir freundlich gewogen. [Über Lea Mendelssohn Bartholdy.] Hier sah ich einen Halt, denn obschon ich fremd war und hinter den großen Künstlern dieses Kreises zurücktrat, so achtete man doch die Gewissenhaftigkeit, womit ich immer zur rechten Zeit in die Probe kam und die geringe Stellung einer bloßen Chorsängerin so eifrig ausfüllte, als ob das Ganze davon abgegangen hätte. Madame Mendelssohn erkundigte sich jedes Mal bei mir, ob ich Schüler bekommen hätte, und hielt mit gutem Rath und theilnehmendem Zuspruch meinen Muth aufrecht. In dem geselligen Strudel, der mich umgab, war mir nicht Zeit gelassen worden, Schritte zu thun, die mich einem eigenen Erwerb näher geführt hätten. Jetzt forderte mich Fanny Hensel häufiger auf, allein oder mit ihr zu vier Händen ein bedeutendes Musikstück vorzutragen, um vor solchen Zuhörern bekannt zu werden, deren Urtheil in der musikalischen Welt Berlins etwas galt.

Die Proben zu den Aufführungen, welche Frau Hensel am Klavier dirigirte, fanden gewöhnlich Samstag Abend statt, und da nur sehr geübte Sänger mitwirkten, bedurfte es kaum ein- oder zweimaligen Durchsingens und einer kurzen Abrede. Am darauffolgenden Sonntag, zwischen 11 und 2 Uhr, war die Aufführung vor großer Gesellschaft in dem sehr geräumigen Gartensaal. In der warmen Jahreszeit standen die Glasthüren offen, und während der Pausen wandelten Sänger und Gäste unter den mächtigen Baumgruppen des sich bis nahe an die Stadtmauer streckenden Gartens. Hensels Atelier stieß an eine Seite des Musiksaals, und durch die Flügelthüren sah man eines oder mehrere seiner historischen Bilder aufgestellt. [Über Gemälde von Wilhelm Hensel.]

Fast alle berühmten Künstler, die Berlin besuchten, erschienen Sonntags einmal mitwirkend oder zuhörend bei Frau Hensel. Auch die Elite der Berliner Gesellschaft suchte dort Zutritt, und die großen Räume des Hauses waren meist überfüllt. Mehr als die größten Virtuosen und die schönsten Stimmen, die ich dort hörte, galt mir der Vortrag Fanny Hensels, und ganz besonders die Art, wie sie dirigirte. Es war ein Aufnehmen des Geistes der Komposition bis zur innersten Faser und das gewaltigste Ausströmen desselben in die Seelen der Sänger und Zuhörer. Ein Sforzando ihres kleinen Fingers fuhr uns wie ein elektrischer Schlag durch die Seele und riß uns ganz anders fort, als das hölzerne Klopfen eines Taktstocks auf ein Notenpult es thun kann. Wenn man Fanny Hensel ansah, während sie ein Meisterwerk spielte, schien sie größer zu werden. Die Stirn leuchtete, die Züge veredelten sich, und man glaubte die schönsten Formen zu sehen. Nüchtern betrachtet, war nichts regelmäßig schön an ihr als das schwarze Auge und die Stirn; doch der Ausdruck überwog Alles. Es kann keine gemeine Empfindung je bei ihr Raum gefunden, sie muß nur im Reich des Erhaben-Schönen gedacht und geathmet haben. Selbst ihre Strenge im Urtheil, die bei vertrauter Bekanntschaft hervortrat, gründete sich nur auf ihre idealen Anforderungen an Kunstwerke, wie an menschliche Charaktere, nicht auf die unreinen Motive der Exklusivität: Hochmuth und Mißgunst. Wer sie kannte, der hielt sich überzeugt, daß sie ebenso neidlos wie anspruchslos war.

Paul Heyse (1830-1914): Jugenderinnerungen und Bekenntnisse. 1. Band: Aus dem Leben. 5. neu durchges. und stark verm. Aufl. Stuttgart, Berlin 1912, S. 42f.

Alles aber, was mir an musikalischen Genüssen von verschiedenen Seiten zuteil ward, wurde durch die Sonntagskonzerte in Fanny Hensels Gartensaal überboten, zu denen ich ein für allemal Zutritt hatte.

Eine illustre Gesellschaft füllte den weiten Raum, doch war kaum einer darunter, der nicht durch ein intimes Verhältnis zur Musik ein Anrecht auf seinen Platz beweisen konnte, und es galt durchreisenden musikalischen Zelebritäten immer für eine hohe Auszeichnung, der Ehre einer Einladung zu diesen Morgenkonzerten gewürdigt zu werden. Zu den Stammgästen gehörten neben Böckh der alte Steffens, dessen ehrwürdiges Gesicht die reinste Verklärung zeigte, während er dem geistvollen Spiel der Hausfrau oder dem Gesang ihrer Freundinnen lauschte, die Felix' liebliche Quartette vortrugen. Die breiten Glastüren nach dem Garten zu standen offen; zuweilen schmetterte der Vogelgesang mit hinein. Hier wurde die ‚Letzte Walpurgisnacht'[1], von dem Komponisten soeben vollendet, zuerst aufgeführt und wie manche der schönen Klavierstücke und Lieder noch im Manuskript frisch vom Blatt gespielt und gesungen. Zuweilen kam auch der geliebte Bruder und Meister in Person von Leipzig herüber und verherrlichte eine dieser Matineen durch sein wundervolles Spiel. Dann war der Saal wie in einen Tempel verwandelt, in welchem eine enthusiastische Gemeinde jeden Ton wie eine himmlische Offenbarung einsog.

Ich selbst stand neben Freund Sebastian zuhinterst auf der Schwelle des Nebenzimmers und reckte meine lange Figur auf den Zehen, um keinen Ton zu verlieren und die Gesichter zu betrachten, die sich um den Flügel reihten. Hier sah ich auch die blonde Löwenmähne des jungen Franz Liszt[2], der seinen ersten Triumphzug durch Berlin hielt, in der vordersten Reihe der Zuhörerschaft eine schöne, blonde Gräfin, die hernach am Arm des glücklichen jungen Eroberers den Saal verließ.

Bei jenen Morgenkonzerten im Henselschen Gartensaal hatte noch niemand eine Ahnung, daß einmal die Ära einer Zukunftsmusik anbrechen würde, in welcher dem blondmähnigen jungen Virtuosen eine führende Rolle beschieden war, und deren fanatische Anhänger die Musik eines Felix Mendelssohn mit Achselzucken als abgetan zu den Toten werden würden.

Die Namen vieler Anderer aus den besten Berliner Kreisen und durchreisender hoher Gäste sind mir entfallen. Doch entsinne ich mich, daß einmal auch das gewaltige Silberhaupt Thorwaldsens über die Menge emporragte. Er war am Morgen vorher von drei Malern zugleich porträtiert worden, dem Hausherrn, Begas und, wenn ich mich recht erinnere, Eduard Magnus.[3] Die die drei *alla prima* gemalten Bildnisse standen noch im Atelier, dessen Flügeltür geöffnet war, um nach der Musik die Bewunderer des Meisters einzulassen. An einem anderen Tage fiel mir ein scharf geschnittener Männerkopf von entschieden jüdischem Typus auf, in dessen Zügen ein Ausdruck gebieterischer Willenskraft und kalten Hohnes lag. Ich fragte Sebastian nach dem merkwürdigen Gesicht. Er nannte mir den Namen Ferdinand Lassalle, vom alten Böckh hier eingeführt, der ihm wegen seiner Abhandlung über Herakleitos den Dunklen eine glänzende Philologenzukunft weissagte.

Anmerkungen

Abkürzungen:

Bw: Fanny und Felix Mendelssohn: Briefwechsel 1821-1846. Hrsg. von Eva Weissweiler. Frankfurt 1982

OBL: Oxford, Bodleian Library, Music Section; GB: die sog. Grünen Bücher, in denen Felix Mendelssohn Bartholdy die an ihn gerichteten Briefe gesammelt hat (1833-1847: MS.M.Deneke Mendelssohn d.28-52)

SBB: Staatsbibliothek zu Berlin – Preußischer Kulturbesitz, Musikabteilung mit Mendelssohn-Archiv

Tb: Fanny Hensel: Tagebücher. Hrsg. von Hans-Günter Klein und Rudolf Elvers. Wiesbaden 2002

MB: Mendelssohn Bartholdy

Sonntagsmusiken in der Leipziger Straße 3

1 Brief an Henriette von Pereira-Arnstein vom 19.10.1821: SBB, MA Nachl. 15,16.
2 Brief an Henriette von Pereira-Arnstein vom 27.5.1823: SBB, MA Nachl. 15,26.
3 Die entsprechenden Ausführungen bei Petra Wilhelmi (S. 146ff.) sind unzutreffend. Siehe dazu auch Borchard/Opferaltäre.
4 Zu einigen Einzelheiten s. Klein/Das verborgene Band S. 136-140.
5 Mendelssohn Bartholdy/Briefe Bd. 1, S. 90f.
6 Allgemeine musikalische Zeitung 35.1833, Sp. 258.
7 Tb S. 35.
8 Tb S. 41.
9 Brief v. 4.2.1833: Mendelssohn Bartholdy/Briefe (Klingemann), S. 109.
10 Tb 28.10.1833, S. 47: s. u., Chronik.
11 Brief von Lea MB an Henriette von Pereira-Arnstein vom 20.1.1834: SBB, MA Nachl. 15,72
12 Siehe Hensel, S./Familie Bd. 1, S. 141; Cullen S. 49.

13 Brief an Julius Elsasser vom 6.5.1846: Klein/Elsasser S. 157.

14 Die Äußerung Sebastian Hensels (wie Anm. 12), er habe „mehrere Hundert Menschen" fassen können, muss als übertrieben eingestuft werden (s. auch Cullen, wie Anm. 12).

15 Bw S. 279.

16 SBB, MA Depos. Berlin 274.

17 Tb S. 272.

18 Varnhagen S. 438.

19 Fanny Hensel notiert, dass beim Besuch von Moscheles 1835 ihr Klavier in das Vorderhaus transportiert wurde, so dass man dort nun auf zwei Instrumenten spielen konnte (Tb 26.11.1835, S. 72f.) – ob gelegentlich für die Sonntagsmusiken das Instrument der Eltern zu der Tochter hinübergeschafft wurde, ist nicht bekannt.

20 Brief an Felix MB vom 2.6.1837: Bw S. 256.

21 Brief an Felix MB vom 2.3.1841: OBL, GB 13,99.

22 Siehe Hensel, S./Lebensbild S. 59.

23 Brief an Felix MB vom 26.10.1846: Hensel, F./Letters Nr. 147.

24 Brief vom 30.11.1834: Bw S. 178.

25 Brief vom 12.8.1846: SBB, MA Ep. 254, S. 2.

26 Tb 8.7.1839, S. 86.

27 OBL, MS. M. Deneke Mendelssohn c.34, f. 67v und 69r.

28 Brief an Henriette von Pereira-Arnstein vom 6.2.1838: SBB, MA Nachl. 15,98.

29 Brief an Henriette von Pereira-Arnstein vom 2.6.1841: SBB, MA Nachl. 15,121.

30 Wie Anm. 13.

Mitwirkende aus Berlin

1 Siehe ihr Urteil in dem 1836 bei Anmerkung 3 wiedergegebenen Zitat.

2 Brief an Franz Hauser vom 26.4.1846: Hellwig-Unruh/Briefe S. 225.

3 Brief an Felix MB vom 23.1.1837: OBL, GB 6,5.

4 Brief an Felix MB vom 25.1.1834: Bw S. 151.

5 Wie Anm. 4.

6 Brief an Henriette von Pereira-Arnstein vom 31.5.1833: SBB, MA Nachl. 15, 69.

7 Brief an Henriette von Pereira-Arnstein vom 23.11.1834: SBB, MA Nachl. 15,71.

8 Zentral- und Landesbibliothek Berlin, Historische Sondersammlungen, Album von Schätzel, S. 48.

9 Wie Anm. 8, S. 49.

10 Brief an Henriette von Pereira-Arnstein vom 31.5.1833: SBB, MA Nachl. 15,69.

11 Brief an Felix MB v. 22.12.1837: OBL, MS. M. Deneke Mendelssohn c.34, f. 62r.

12 Brief an Felix MB vom 16.3.1835: OBL MS. M. Deneke Mendelssohn c.34, f. 39v.

Chronik

1833
1 Tb 28.10.1833, S. 47f.

2 Da die Oper keine Duette für einen Sopran und einen Bariton enthält, sind von den beiden genannten Sängern wohl Arien gesungen worden.

3 Die Niederschrift der hier aufgeführten Fassung für Sopran und Klavier wurde am 23. Dezember 1831 beendet (Autograph in SBB, MA Depos. Lohs 3, S. 39; s. Klein/Kompositionen S. 92; Hellwig-Unruh/Verzeichnis Nr. 262). Über eine Aufführung in der Zwischenzeit ist nichts bekannt.

4 Tb 16.9.1833, S. 46.

5 Die Eintragung im Tagebuch lautet nur „Final" (s. die Abb. S. 35); da nur P. Decker als Sängerin genannt ist, kann es sich nur um das Finale des 1. Akts handeln, auch wenn ein Sängerinnenname für die Partie der Fatime nicht genannt ist – die Schwester Rebecka könnte diese Partie gesungen haben, doch ist auch bei dem gelegentlich improvisatorischen Charakter der Konzerte denkbar, dass die Partie in den Solo-Takten von P. Decker gesungen und in den Duetten mit der Rezia (Decker) weggelassen wurde.

6 Im Tagebuch ist als Titel nur der Personenname genannt, die Identifikation der Oper geht aus dem Brief Lea MB's an Felix MB vom 1.11.1833 hervor (OBL, GB 2,132).

7 OBL, GB 2,132.

8 OBL, GB 2,133.

9 Bw, S. 145.

10 Tb 17.1.1834, S. 49.

11 „Zum Fest der heiligen Caecilia" (Beati immaculati), für 4 Solostimmen, gemischten Chor und Klavier (Autograph in SBB, MA Depos. Lohs 4, S. 79; s. Klein/Kompositionen S. 94; Hellwig-Unruh/Verzeichnis Nr. 272).

12 Aus dem Brief Fanny Hensels an Felix MB vom Sonntag, dem 1. Dezember 1833, lässt sich schließen, dass sie an diesem Tage kein Konzert veranstaltet hat.

13 Tb 17.1.1834, S. 49.

1834

1 Die Angabe im Tagebuch (17.1.1834, S. 49) „Das vorige Mal" bezieht sich wahrscheinlich auf den 12. Januar.

2 OBL, GB 3,14. Ursprünglich war offensichtlich geplant, die ganze Oper aufzuführen. In ihrem Brief an Felix MB vom 25.1.1834 erwähnt Fanny Hensel dann auch nur „die Hauptstücke aus Fidelio" (Bw S. 150).

3 Brief vom 8.2.1834: OBL, GB 3,35.

4 Fortsetzung ihres Briefes vom 25.1.1834 am 26.1. direkt nach der Aufführung (Bw S. 150).

5 OBL, GB 3,41.

6 Im Tagebuch (S. 51) ist in einer Eintragung, die wohl zwischen dem 4. und 15. März zu datieren ist (die Datumsnotiz ist wegen eines großen Tintenflecks nicht mehr zu entziffern), für einen undatierten Sonntag ein Konzert mit den angegebenen Stücken erwähnt. Da für den 16. März ein Konzert überliefert ist, wird dieses wohl am 2. März stattgefunden haben.

7 Welche Duette sie aufführen ließ, lässt sich nicht eruieren; es lagen bereits vier entsprechende Kompositionen vor.

8 Titelangabe in der Form „Spinnerlied".

9 Tb 18.3.1834, S. 52 (mit Programmhinweisen); s. auch den Brief von Lea MB an Felix MB vom 21.3.1834 (OBL, GB 3,71).

10 Tb 9.4.1834, S. 53.

11 Bw S. 161.

12 OBL, GB 3,97.

13 Tb 9.5.1834, S. 54.

14 OBL, GB 3,151; ebenso im Brief von Lea MB an Felix MB vom 21.5.1834 (OBL, GB 3,154).

15 OBL, GB 3,165.

16 Brief an Felix MB vom 11.6.1834: OBL, GB 3,170.

17 Das Autograph der 1832 komponierten Ouverture in der SBB (MA Ms. 38, s. Klein/Kompositionen S. 22; Hellwig-Unruh/Verzeichnis Nr. 265).

18 Tb 3.7.1834, S. 57.

19 Bw S. 170. Aus der Formulierung geht hervor, dass die Musiker mindestens ein zweites Mal bei Fanny Hensel gewesen sind, wahrscheinlich war es ein Treffen davor mit einer Probe zu diesem Konzert. Ein weiterer Auftritt der Orchestermusiker bei Fanny Hensel ist nicht bekannt.

20 OBL, GB 3,187.

21 Bw S. 171.

22 Fortsetzung des Briefes an Felix MB vom 30.11. am 10.12., Bw S. 178.

23 Brief an Felix MB: OBL, GB 3,334 (mit Programmhinweisen).

24 Siehe ihren Brief an Felix MB vom 27.12.1834: Bw S. 180.

25 Brief an Felix MB vom 29.1.1835: OBL, GB 4,8.

26 Bw S. 181.

27 Bei der in Bw S. 181 angegebenen Datierung wird es sich um einen Irrtum handeln; der zitierte Text muss am 28.12.1834 geschrieben sein.

1835

1 OBL, GB 4,10.

2 Bw S. 187.

3 OBL, GB 4,14.

4 OBL, MS. M. Deneke Mendelssohn c.34, f. 37v.

5 Brief von Lea MB an Felix MB vom 28.2.1834 (OBL, GB 4,18) mit der Erwähnung der Generalprobe der beiden Kompositionen; ebenso Brief von Lea MB an Henriette von Pereira-Arnstein vom 10.3.1835: MA Nachl. 15,78.

6 Brief von Abraham MB an Felix MB vom 10.3.1835, in: Mendelssohn Bartholdy/Briefe, Bd. 2, S. 52.

7   Brief von Lea MB an Felix MB vom 16.3.1835: OBL, MS. M. Deneke
    Mendelssohn c.34, f. 39v (mit den Programmhinweisen).

8   Brief von Lea MB an Felix MB vom 17.4.1835: OBL, GB 4,32; sie
    gibt den Anfang der Arie mit „wir schwanken" an.

9   OBL, GB 4,43.

10 SBB, MA Nachl. 15, 80. Die erwähnte Aufführung von Glucks
    „Iphigenie auf Tauris" hatte am Donnerstag, dem 12. Juni 1834, statt-
    gefunden.

11 Bw S. 206.

12 Tb 26.11.1835, S. 74.

13 Brief von Lea MB an Felix MB vom 17.11.1835: OBL, GB 4,151.

14 Brief vom 18.11.1835: Bw S. 207.

1836

1   OBL, MS. M. Deneke Mendelssohn c.34, f. 41r.

2   Bw S. 225; s. auch den Brief von Lea MB an Henriette von Pereira-
    Arnstein vom 21.7.1836 (SBB, MA Nachl. 15, Nr. 88).

3   Bw S. 225.

4   Brief vom 15. August 1836: „Wir leben ungemein still u. ruhig mit
    Mutter, u. haben ganz vergessen, wie es vor der Thüre aussieht. Ich
    versichere Dich, wenn ich des Morgens aufwache, u. gar keine Plane
    finde, so ist mir das ein höchst bequemes Bewußtseyn" (Bw S. 227).

5   Bw S. 236.

6   Brief vom 11.12.1836: OBL, GB 5,147.

7   Bw S. 240.

8   Hensel, S./Familie Bd. 2, S. 36.

1837

1   Tb 8.7.1839, S. 84.

2   OBL, GB 6,5.

3   Brief an Henriette von Pereira-Arnstein vom 27.1.1837: SBB, MA
    Nachl. 15, 91.

4   SBB, Mus. ep. L. Mendelssohn Bartholdy 1

5   SBB, MA Ep. 396.

6   OBL, GB 6,52.

7   Tb 8.7.1839, S. 85.

8   Wie Anm. 6.

9 Brief von Lea MB an Felix MB vom 17.7.1837: OBL 6,57.

10 Brief von Lea MB an Felix MB vom 29.7.1837: OBL 6,58. Die Komposition von Felix ist beschrieben als „Deine 8stimmige mit Kyrie schließende Musik."

11 Brief an Henriette von Pereira-Arnstein: SBB, MA Nachl. 15,94.

12 Brief von Lea MB an Felix MB vom 9.11.1837: OBL, GB 6,103. Sie erwähnt auch, dass P. Decker eine Arie gesungen hat, der Textanfang ist aber schwer zu entziffern.

13 Brief von Lea MB an Felix MB vom 22.11.1837: OBL, GB 6,123 (mit den Programmhinweisen).

14 Brief von Fanny Hensel an Felix MB vom 12.12.1837: Bw S. 271.

15 Autograph der Kadenz: SBB, MA Ms. 71 mit dem freundlichen Hinweis an Pauline Decker: „Diese Cadenz ist nur ein Vorschlag zur Güte, u. ganz nach Ihrem Belieben, zu verlängern, zu verkürzen, zu verändern, oder ganz wegzulassen, wie es Ihnen gefällig ist" (s. Klein/Kompositionen S. 53; Hellwig-Unruh/Verzeichnis Nr. II,8).

16 Wie Anm. 14.

17 Brief an Felix MB vom 13.12.1837: OBL, GB 6,152.

18 Brief von Lea MB an Felix MB vom 22.12.1837: OBL, MS. M. Deneke Mendelssohn c.34, f. 62r.

19 Siehe dazu unter 1833 die Anm. 5.

1838

1 OBL, GB 7,21.

2 Brief von Fanny Hensel an Felix MB vom 19.1.1838: Bw S. 277.

3 Tb 8.7.1839, S. 86 (hier auch die Erwähnung Rosa Curschmanns).

4 Brief vom 26.1.1838: SBB, MA Nachl. 6,2-13,46. Henriette (Hinni) Mendelssohn, geb. Meyer, war verheiratet mit Joseph Mendelssohn, dem Bruder von Abraham MB

5 Brief an Henriette von Pereira-Arnstein: SBB, MA Nachl. 15,98.

6 Zum ersten öffentlichen Auftritt Fanny Hensels als Pianistin s. Klein/Auftritte S. 286-289.

7 Brief an Felix MB vom 26.2.1838: OBL, GB 7,72a.

8 Siehe den Brief von Fanny Hensel an Felix MB vom 21.2.1838: Hensel, F./Letters Nr. 104; C.Novello reiste zwar erst am Montag, dem 26.2. ab, aber die Aufführung des „Don Giovanni" kam trotzdem nicht zustande.

9 Siehe den Brief von Fanny Hensel an Albertine M-B, die Frau des Bruders Paul, vom 3.4.1838 (mit der von Fanny Hensel irrtümlich angegebenen Jahreszahl „37": SBB, MA Ep. 390).

10 Tb 8.7.1838, S. 88.

1839

1 Brief an Henriette von Pereira-Arnstein: SBB, MA Nachl. 15,108.

2 OBL, GB 9,67a (mit den Programmhinweisen). Die von Fanny Hensel gespielte Sonate Beethovens beschreibt sie mit der Charakterisierung: langes Adagio, sanfter Mittelsatz, stürmischer Allegro-Schluss, und Beethovens Opus 65 mit „ital. Scene".

3 Brief an Henriette von Pereira-Arnstein vom 14.3.1839: SBB, MA Nachl. 15, 109.

4 Tb August 1839, S. 91.

5 Zu der Italienreise s. die Eintragungen im Tagebuch S. 94-196, die Ausgaben ihrer Briefe (Hensel, F./Venedig; Hensel, F./Rom), Klein/Die Mendelssohns in Italien S.58-89 und Klein/Ereigniß.

1840

1 Hensel, F./Rom S. 69.

2 Brief vom 28.9.1840: Bw S. 342f.

3 Bw S. 347.

1841

1 Tb 20.1.1841, S. 200.

2 Brief vom 29.1.1841: Bw S. 353.

3 Siehe Allgemeine musikalische Zeitung 43.1841, Sp. 174; dem Rezensenten waren aber die „Vorbilder von Händel, Beethoven und Mendelssohn Bartholdy (namentlich dessen Paulus) unverkennbar."

4 Brief vom 29.1.1841: OBL, GB 13,41.

5 Zu Fanny Hensels neuem Flügel s. Lambour/Pianistin S. 239f.

6 Brief an Henriette von Pereira-Arnstein: SBB, MA Nachl. 15,119.

7 Siehe die unter 1840 zitierte Briefstelle mit Anm. 2.

8 Siehe dazu Klein/Auftritte S. 289f.

9 Tb 4.3.1841, S. 201.

10 Die drei Sonntagskonzerte im Mai 1841 werden im Tagebuch unter dem 2.6.1841 als „überaus brillant durch das Publicum, das sie

besucht" (S. 204) charakterisiert (mit Angabe der Daten und der Namen der Gäste). Es werden auch noch mehrere Adelspersonen genannt.

11 Siehe Anm. 10. Ob der Bruder nur „Gast" war oder auch gespielt hat, ist nicht bekannt.

12 Siehe Anm. 10. Zur Anwesenheit von Thorwaldsen s. den Bericht von Paul Heyse im Anhang, S. 69. – Brief von Lea MB an Henriette von Pereira-Arnstein vom 2.6.1841: MA Nachl. 15, 121.

13 Wahrscheinlich Glucks „Iphigenie auf Tauris."

14 „Die Vogel-Kantate, musikalischer Scherz für fünf Singstimmen mit Klavierbegleitung" von Johanna Mathieux war als ihr op. 1 im Jahre 1838 im Druck erschienen.

15 OBL, GB 14,16.

16 Brief vom 26.7.1841: OBL, GB 14,16.

17 SBB, MA Depos. Berlin 271.

1842

1 Brief von Henriette (Hinni) Mendelssohn an Rosa Mendelssohn: SBB, MA Nachl. 6,2-13,50.

2 Brief vom 30.5.1842 an Henriette von Pereira-Arnstein: SBB, MA Nachl. 15,125.

3 Wie Anm. 2.

4 Unklar, welches Stück gemeint ist, vielleicht der Chor „Aber mit seinem Volke zog er dahin" aus Händels „Israel in Ägypten" – die Titelangaben der Mutter sind nicht immer genau.

5 OBL, GB 15,263.

6 „Ernte-Kantate": die „Jubel-Kantate", op. 58, von C. M. von Weber mit anderem Text, aber mit denselben Worten beginnend (Erhebt den Lobgesang), von Amadeus Wendt.

7 OBL, GB 15,270.

1843

1 Tb S. 222.

2 Tb 5.9.1843, S. 229.

3 Autograph in SBB (MA Ms. 86, S. 1): „Faust. Zweiter Theil, erste Szene" (für Soli, 4-stimmigen Frauenchor und Klavier), diese Niederschrift war am 23.3.1843 begonnen worden (s. Klein/ Kompo-

sitionen S. 57; Helwig-Unruh/Verzeichnis Nr. 389). Die genannte Umarbeitung muss als verschollen gelten.

4 SBB, MA Depos. Berlin 500,18, Nr. 193.

5 Hensel, S./Familie Bd. 2, S. 260f.

6 Der Zettel befindet sich in Privatbesitz.

7 „Drei geistliche Lieder für eine Altstimme mit Chor und Orgel" (1840).

8 Hensel, S./Familie Bd. 2, S. 262.

9 Übertragung des dritten Satzes (Rondo alla Polacca) aus Beethovens Tripel-Konzert, op. 56, für Klavier zu 4 Händen mit dem Titel „Polonaise concertante", mehrfach gedruckt.

10 Hensel, S./Familie Bd. 2, S. 266, mit der Angabe des Briefdatums 5.(!)12.1843.

1844

1 Brief vom 22.2.1844: SBB, MA Depos. Berlin 279. Anna Dirichlet ist die Schwiegermutter von Fanny Hensels Schwester Rebecka.

2 Brief vom 30.1.1844: Hensel, S./Familie Bd. 2, S. 284, hier auch das Datum des Konzerts.

3 Hensel, S./Familie Bd. 2, S. 289 (ohne Brief-Datum).

4 Autograph in SBB, N.Mus.ms. 241, am Schluss datiert 10.2.1844.

5 Tb S. 235.

6 Der Besuch Liszts wird auch von Fanny Lewald erwähnt (s. die im Anhang wiedergegebene Schilderung, S. 66), ob sich die Erwähnung Liszts bei Paul Heyse (s. im Anhang S. 69) auf dieses Konzert bezieht, erscheint fraglich. Liszt war am 9.3. aus Stettin eingetroffen und blieb nur wenige Tage in Berlin. Öffentlich aufgetreten in Berlin war er 1841/42, in dieser Zeit war er auch bei Fanny Hensel zu Gast gewesen (s. o.: 1842, S. 55).

7 Hensel, S./Familie Bd. 2, S. 293.

8 Fanny Hensel ergänzt in ihrem Brief zu dem Quintett „mit der Finger leicht Getummel" und spielt damit auf die familiäre Vergangenheit an: in einem scherzhaften, anonym überlieferten Sonett aus den Zwanzigerjahren, in dem sie als Pianistin gefeiert wird, reimen sich diese Worte auf den Namen des Komponisten (s. Klein/Das verborgene Band S. 141).

9 Die Namen der Sänger werden in einem anderen Brief Fannys an ihre Schwester erwähnt: Hensel, S./Familie Bd. 2, S. 288 (ohne Brief-Datum).

10 Wie Anm. 7.

11 Nach der zitierten Tagebuchnotiz vom 16.4. (Anm. 5).

12 Hensel, S./Familie Bd. 2, S. 323.

13 Tb S. 237.

14 SBB, MA Depos. Berlin 285.

15 SBB, MA Depos. Berlin 290.

1845

1 Zu der erneuten Italien-Reise s. die retrospektiven Eintragungen im Tagebuch vom 10.8.und 16.9.1844, S. 244-262.

2 Klein/Elsasser S. 154.

1846

1 SBB, MA Nachl. 15,130.

2 Brief an Felix MB vom 1.5.1847: Mendelssohn Bartholdy/Briefwechsel Droysen S. 107.

3 OBL, GB 23,232 (gemeint ist der ‚nächste' Sonntag).

4 Meyerbeer S. 57.

5 Wohl das Konzert in d-Moll BWV 1063, das Fanny auch in Rom gespielt hatte (s. ihren Brief vom 16.-18.5.1840, Hensel, F./Rom S. 97).

6 Meyerbeer S. 83.

7 Hensel, F./Letters Nr. 144.

8 Meyerbeer S. 122. Das Datum wird auch durch die Eintragungen in Fanny Hensels Tagebuch bestätigt (S. 269), wenn man die Notiz zu P. Viardot-Garcia berücksichtigt: die Hensels besuchten deren zweiten Auftritt am 10.10. (der erste, ursprünglich für den 3.10. angekündigte Auftritt war am Dienstag, dem 5.10.).

9 Meyerbeer S. 119.

10 Hensel, F./Letters Nr. 147.

11 Brief von Henriette (Hinni) Mendelssohn: SBB, MA Nachl. 6,2-13,58.

12 Brief vom 26.10.1844: Hensel, F./Letters Nr. 147.

13 Tb 30.12.1846, S. 269.

1847

1 Tb S. 274f. – Um welches Te Deum von Händel es sich handelt, ist unklar.

2 Brief von Henriette (Hinni) Mendelssohn: SBB, MA Nachl. 6,2-13,61 (s. auch Bankiers, Künstler und Gelehrte S. 144).

Dokumente

1 „Die erste Walpurgisnacht". Ballade von Goethe, op. 60: Die erste Fassung war am 10. Januar 1833 in Berlin uraufgeführt worden. Die zweite, endgültige Fassung entstand 1842/43 und ist zum ersten Mal am 2. Februar 1843 in Leipzig gespielt worden. Die Berliner Erstaufführung, mit Klavierbegleitung, und unter Beteiligung des Komponisten fand in der Sonntagsmusik am 10. März 1844 (s. S. 61) statt.

2 Wahrscheinlich hat Heyse Franz Liszt bei dessen Anwesenheit 1841/42 in der Leipziger Straße 3 gesehen (s. o.: 1842, S. 55).

3 Es handelt sich um ein einziges Porträt in Öl, das von vier Malern zusammen hergestellt wurde: Karl Begas, in dessen Atelier diese denkwürdige Sitzung stattfand, Wilhelm Hensel, Eduard Magnus und Franz Krüger (s. Lowenthal-Hensel und Arnold S. 249f.).

Literatur

Bankiers, Künstler und Gelehrte. Unveröffentlichte Briefe der Familie Mendelssohn aus dem 19. Jahrhundert. Hrsg. und eingel. von Felix Gilbert. Tübingen 1975 (Schriftenreihe wissenschaftlicher Abhandlungen des Leo Baeck Instituts, Bd. 31)

Boi(c)ke, Johann Wilhelm: Allgemeiner Wohnungsanzeiger für Berlin und dessen nächste Umgebungen. Berlin 18.1839-1842

Borchard, Beatrix: „Mein Singen ist ein Rufen nur aus Träumen". Berlin, Leipziger Straße Nr. 3. In: Fanny Hensel, geb. Mendelssohn Bartholdy. Das Werk. Hrsg. von Martina Helmig. München 1997, S. 9-21

— : Opfernaltäre der Musik. In: Fanny Hensel, geb. Mendelssohn Bartholdy. Komponieren zwischen Geselligkeitsideal und romantischer Musikästhetik. Hrsg. von B. Borchard und Monika Schwarz-Danuser. Stuttgart, Weimar 1999, S. 27-44

Cullen, Michael: Leipziger Straße. Eine Baubiographie. In: Mendelssohn-Studien 5.1982, S. 9-77

Hellwig-Unruh, Renate: Fanny Hensel, geb. Mendelssohn Bartholdy. Thematisches Verzeichnis ihrer Kompositionen. Adliswil, Lottstetten 2000

— : „Ein Dilettant ist schon ein schreckliches Geschöpf, ein weiblicher Autor ein noch schrecklicheres …". Sechs Briefe von Fanny Hensel an Franz Hauser (1794-1870). In: Mendelssohn-Studien 10.1997, S.215-225

— : „ … so bin ich mit meiner Musik so ziemlich allein". Die Komponistin und Musikerin Fanny Hensel, geb. Mendelssohn Bartholdy. In: Stadtbild und Frauenleben. Berlin im Spiegel von 16 Frauenporträts. Hrsg. von Henrike Hülsbergen. Berlin 1997 (Berlinische Lebensbilder, Bd. 9), S. 245-261

Hensel, Fanny: Briefe aus Rom an ihre Familie in Berlin 1839/40. Hrsg. von Hans-Günter Klein. Wiesbaden 2002

— : Briefe aus Venedig und Neapel an ihre Familie in Berlin 1839/40. Hrsg. von Hans-Günter Klein. Wiesbaden 2004

— : The Letters of Fanny Hensel to Felix Mendelssohn. Coll., Ed., and Transl. With Introductory Notes by Marcia J. Citron. Stuyvesant, N.Y. 1987

— : Tagebücher. Hrsg. von Hans-Günter Klein und Rudolf Elvers. Wiesbaden, Leipzig, Paris 2002

(— und Felix Mendelssohn Bartholdy) Fanny und Felix Mendelssohn: „Die Musik will gar nicht rutschen ohne Dich". Briefwechsel 1821-1846. Hrsg. von Eva Weissweiler. Berlin 1887

Hensel, Sebastian: Ein Lebensbild aus Deutschlands Lehrjahren. 2. Aufl. Berlin 1904

— : Die Familie Mendelssohn 1729-1847. Nach Briefen und Tagebüchern. 2., durchges. Aufl. 2 Bände. Berlin 1880

Huber, Annegret: „Dies ist nun gestern, Sonntag vormittag, ... vom Stapel gelaufen". Sonntagsmusik im Hause Mendelssohn Bartholdy. In: musica 49.1995, S. 118 f.

Klein, Hans-Günter: Fanny und Wilhelm Hensel und die Maler Elsasser. In: Mendelssohn-Studien 13.2003, S. 125-167

— : Fanny Hensels öffentliche Auftritte als Pianistin. In: Mendelssohn-Studien 14.2005, S. 285-293

— : Italien – das „große Ereigniß" im Leben Fanny Hensels. In: Fanny Hensel, geb. Mendelssohn Bartholdy. Ein Frauenschicksal im 19. Jahrhundert. Hrsg. von Veronika Leggewie. Bell 2005 (im Druck)

— : Die Kompositionen Fanny Hensels in Autographen und Abschriften aus dem Besitz der Staatsbibliothek zu Berlin – Preußischer Kulturbesitz. Katalog. Tutzig 1995 (Musikbibliographische Arbeiten, Bd. 13)

— : Die Mendelssohns in Italien. Ausstellung des Mendelssohn-Archivs der Staatsbibliothek zu Berlin 2002/2003. Katalog. Wiesbaden 2002 (Staatsbibliothek zu Berlin, Ausstellungskataloge, N.F., Bd. 46)

— : Mendelssohnsche Familienkultur in Zeugnissen aus den Alben Fanny Hensels. In: Berlin in Geschichte und Gegenwart. Jahrbuch des Landesarchivs Berlin 2004, S. 27-38

— : Das verborgene Band. Felix Mendelssohn Bartholdy und seine Schwester Fanny Hensel. Ausstellung der Musikabteilung der Staatsbibliothek zu Berlin zum 150. Todestag der beiden Geschwister 1997. Katalog. Wiesbaden 1997 (Staatsbibliothek zu Berlin, Ausstellungskataloge, N.F., Bd. 22)

Lambour, Christian: Fanny Hensel – Die Pianistin I.II. In: Mendelssohn-Studien 12.2001, S. 227-242

Ledebur, Carl Freiherr von: Tonkünstler-Lexicon Berlins von den ältesten Zeiten bis auf die Gegenwart. Berlin 1861

Lowenthal-Hensel, Cécile, und Jutta Arnold: Wilhelm Hensel. Maler und Porträtist 1794-1861. Berlin 2004

Maurer, Annette: „ … ein Verdienst um die Kunstzustände unserer Vater-
    stadt". Fanny Hensels ‚Sonntagsmusiken'. In: Vivavoce Nr. 42, Mai
    1997, S. 11-13
Mendelssohn Bartholdy, Felix: Briefe aus den Jahren 1830 bis 1847. Hrsg.
    von Paul und Karl Mendelssohn Bartholdy. 2 Bände. Leipzig 1863
— : Ein tief gegründet Herz. Der Briefwechsel Felix Mendelssohn-Barthol-
    dys mit Johann Gustav Droysen. Hrsg. von Carl Wehmer. Heidelberg
    1959
— : Felix Mendelssohn Bartholdys Briefwechsel mit Karl Klingemann.
    Hrsg. von Karl Klingemann. Essen 1909
Meyerbeer, Giacomo: Briefwechsel und Tagebücher. Hrsg. von Heinz und
    Gudrun Becker. Bd. 4: 1846-1849. Berlin 1985
Varnhagen von Ense, Karl August: Tagebücher. Bd. 3. Leipzig 1862
Wilhelmi, Petra: Der Berliner Salon im 19. Jahrhundert (1780-1914). Berlin,
    New York 1989 (Veröffentlichungen der Historischen Kommission zu
    Berlin, Bd. 73)

Abbildungen

Julius Helfft (1818-1894): Fanny Hensels Musikzimmer. Aquarellierte Bleistiftzeichnung (1849). Privatbesitz. (S. 15)

Wilhelm Hensel (1794-1861): Die Schwestern Fanny und Rebecka Mendelssohn Bartholdy. Bleistiftzeichnung. Staatsbibliothek zu Berlin, Mendelssohn-Archiv, MA BA 167. (S. 19)

Felix Mendelssohn Bartholdy: Brief an Fanny Hensel vom 12. August 1846, Ausschnitt aus Seite 2. Staatsbibliothek zu Berlin, Mendelssohn-Archiv, MA Ep. 254. (S. 21)

Fanny Hensel: Brief an Pauline Decker. Zentral- und Landesbibliothek Berlin, Historische Sondersammlungen, Album von Schätzel, S. 48. (S. 26)

Fanny Hensel: Brief an Pauline Decker (vom 2.März 1847), mit Adresse. Zentral- und Landesbibliothek Berlin, Historische Sondersammlungen, Album von Schätzel, S. 49. (S. 27)

Wilhelm Hensel (1794-1861): Fanny Hensel am Flügel. Bleistift-Skizze. Staatsbibliothek zu Berlin, Mendelssohn-Archiv, MA BA 257. (S. 31)

Fanny Hensel: Tagebuch-Eintragung vom 8.10. und 9.11.1833. Staatsbibliothek zu Berlin, Mendelssohn-Archiv, MA Depos. Berlin 500,22, S. 89. (S. 35)

Wilhelm Hensel (1794-1861): Fanny Hensel mit ihrem Sohn Sebastian am Flügel. Bleistift-Entwurf. Staatsbibliothek zu Berlin, Mendelssohn-Archiv, MA BA 168. (S.39)

Lea Mendelssohn Bartholdy: Brief an „Frau Dr. Meyer" (Januar oder Juni 1837). Staatsbibliothek zu Berlin, Musikabteilung, Mus. ep. Lea Mendelssohn Bartholdy 1. (S.46)

Fanny Hensel: Programmnotiz wahrscheinlich für die Sonntagsmusik am 29. Oktober 1843. Privatbesitz. (S. 58)

Felix Mendelssohn Bartholdy: Variationen für Klavier zu 4 Händen, op. 83a. Autograph. Titelseite. Staatsbibliothek zu Berlin, Musikabteilung, N.Mus.ms. 241. (S. 60)

August Kaselowsky (1810-1891): Fanny Hensel am Flügel. Bleistiftzeichnung, Rom 14. April 1845. Privatbesitz. (S. 63)

Register (Personen)

Fanny Hensel
Briefe aus Venedig
und Neapel an ihre Familie
in Berlin 1839/40

Nach den Quellen
zum ersten Mal herausgegeben
von Hans-Günter Klein
2004. 17 x 24 cm. 120 S.
mit 12 s/w-Abb., geb.,
(3-89500-387-5)

Fanny Hensel, geb. Mendelssohn Bartholdy (1805–1847), unternimmt 1839/40 zusammen mit ihrem Mann, dem preußischen Hofmaler Wilhelm Hensel, und ihrem Sohn eine Reise nach Italien, die sie selbst als einen Höhepunkt ihres Lebens empfindet. Von ihren Erlebnissen berichtet sie regelmäßig an ihre Familie in Berlin. Die hier edierten Briefe kommen überwiegend aus Venedig und Neapel, wo sich die Familie jeweils längere Zeit aufgehalten hat, aber auch aus Mailand, Verona, Florenz und dann von der Rückreise aus Genua und Airolo. Fanny Hensel berichtet sehr anschaulich und humorvoll von ihren Eindrücken, wenn sie die Überquerung der Alpen schildert oder die Besteigung des Vesuvs. Aus Venedig schreibt sie vor allem über die damaligen großen Gemäldesammlungen, die z. T. heute nicht mehr existieren, und gibt uns damit ein bedeutendes Zeugnis ihrer Zeit.

Einen eigenen Schwerpunkt bilden ihre Gedanken und Kommentare zu Berliner Familienereignissen, von denen ihr die Mutter und die Schwester berichten. Entsprechend werden auch die gemeinsamen Bekannten und Freunde gewürdigt, denen sie in Italien begegnet. So spiegeln diese Briefe auch einen Teil Familiengeschichte der Mendelssohns.

Die Briefe, die bisher nur in Auswahl und in bearbeiteter Form bekannt waren, werden in all ihren Teilen widergegeben, einschließlich der kurzen Texte, die der Sohn Sebastian an seinen Cousin Walter Dirichlet schreibt, sowie auch der Postscripta Wilhelm Hensels.

Das in den Briefen eingeschlossene Bildmaterial, gedruckte Vignetten mit Ansichten aus Venedig und die Zeichnungen des Sohnes aus Neapel, ist vollständig reproduziert. Weiter enthält der Band zwei Briefseiten im Faksimile und ein Doppelporträt des Ehepaars Hensels. Der Band ist durch ein Literaturverzeichnis und ein Namensregister ergänzt.

Fanny Hensel. Briefe aus Rom an ihre Familie in Berlin 1839/40

Nach den Quellen
zum ersten Mal herausgegeben
von Hans-Günter Klein
2002. 17 x 24 cm. 136 S.,
16 s/w-Abb., 1 Plan, geb.,
(3-89500-324-7)

In den Briefen, die Fanny Hensel in dieser Zeit an ihre Familie in Berlin schreibt, berichtet sie über ihren römischen Alltag, insbesondere über ihre Begegnungen mit ortsansässigen deutschen Malern und Konzertbesuche. Fanny Hensel wird von allem tief berührt und ihre Briefe geben exemplarisch ein Bild der Faszination, die Italien bei den deutschen Bildungsreisenden des 18./19. Jhs. auslöste.

Fanny Hensel
Briefe aus Paris an ihre Familie in Berlin

Nach den Quellen zum ersten Mal herausgegeben
von Hans-Günter Klein
2006. 17 x 24 cm, ca. 120 S., ca. 10 s/w-Abb., geb.,
(3-89500-480-4)

Die Mendelssohns in Italien

Von Hans-Günter Klein
2002. 28 x 23 cm. 116 S. mit 13 Farb- und 53 s/w-Abb.,
geb., (3-89500-310-7)

Das verborgene Band

Felix Mendelssohn Bartholdy und seine Schwester Fanny Hensel
Hg. von Hans-Günter Klein
1997. 256 S., 79 s/w-Abb., geb., (3-89500-002-7)

„O glückliche, reiche, einzige Tage"

Fanny und Wilhelm Hensels italienische Reise.
Mit dem Faksimile der Bildseiten aus dem „Reise-Album 1839-1840"
Von Hans-Günter Klein
2006. 17 x 24 cm, ca. 70 S., ca. 20 Farb- und 11 s/w-Abb.,
geb., (3-89500-482-0)

Zur Erinnerung an ihre gemeinsame Italien-Reise 1839/40 legten sich die
Komponistin Fanny Hensel und ihr Ehemann, der preußische Hofmaler
Wilhelm Hensel, ein Album an, in dem sie zunächst auf verschiedenfar-
bigen Papieren 18 eigene Kompositionen notierte, die ihr Mann dann jeweils mit einer Vignette auf der ersten Seite schmückte. Musikstücke und
Zeichnungen beziehen sich auf einzelne Reisestationen und reflektieren
den Reiseverlauf. So entstand mit dem Album, das nur für den privaten
Gebrauch bestimmt war, in seiner Kombination von Bild und Musik ein
einzigartiges künstlerisches Dokument.

Fanny Hensel „Der Fürst vom Berge"

Faksimileausgabe des Liedes
Einführung von Hans-Günter Klein
2001. 29,5 x 23,5 cm. 24 S., geb., (3-89500-233-X)

Im März 1841 beginnt Fanny Hensel ihre Erinnerungen an die Italien-
reise in Form von Liedern und Klavierstücken musikalisch umzusetzen.
Aus den so entstandenen Kompositionen wählt sie 18 Stücke aus, die
sie auf unterschiedlich farbigem Papier in Reinschrift notiert und zu denen ihr Mann mit Bleistift gezeichnete Vignetten setzt. Die losen Lagen
werden gebunden und erhalten ein eigenes Titelblatt: „Reise-Album
1839–1840". Unter den fünf Liedern erscheint als 16. Stück des Albums
„Der Fürst vom Berge" – ein bisher unbekanntes Lied, das nach heutiger
Kenntnis nur hier erhalten ist.

Fanny Hensel „Traum"

Lied auf einen Text von Joseph von Eichendorff
für Singstimme und Klavier. Faksimile des Autographs
Einführung von Hans-Günter Klein
1997. 28,5 x 21,5 cm, 16 S., geb., (3-89500-003-5)

Dieses Lied, dessen Text Fanny Hensel aus den „Wanderliedern"
Eichendorffs zusammenstellte, entstand wahrscheinlich im Jahre
1844. Erhalten ist diese Komposition nur in dem hier faksimilierten
Autograph, das sie am 18. Oktober 1844 datiert hat.

Felix Mendelssohn Bartholdy
Sinfonie A-dur op. 90 „Italienische"
Alle eigenhändigen Niederschriften im Faksimile
Partitur 1833 „Oxforder Fragmente" Teil-Partitur 1834
Mit Kommentaren von John M. Cooper und Hans-Günter Klein
(zweisprachige Ausgabe deutsch/englisch)
1997. Band 1. 48 Seiten Text, 100 Seiten Faksimile;
Band 2. 32 Seiten Text, 54 Seiten Faksimile; Beilage 24 Seiten.
Format 34 x 24 cm, gebunden, in Kassette (3-89500-001-9)

Wie für viele vor und viele nach ihm war Italien für den jungen Felix
Mendelssohn Bartholdy das Land der größten Lebensfreude. In seinen
Briefen aus Venedig und vor allem aus Rom an seine Familie in Berlin
kam er immer wieder ins Schwärmen. So von Italien fasziniert, beschäftigte er sich bald mit entsprechenden Symphonie-Plänen. Wie weit er allerdings mit der Ausführung während seiner Italienreise kam, weiß man
nicht, da keine musikalischen Aufzeichnungen überliefert sind. Erhalten
ist die Partitur der später als „Italienische" bezeichneten Symphonie in
A-dur, die er von Januar bis zum April 1833 in Berlin niederschrieb und
nach der das Werk in London am 13. Mai 1833 zum erstenmal erklang.
Sie ist auch Grundlage der gedruckten Ausgabe geworden, nach der die
Symphonie bis heute aufgeführt worden ist.
1834 beschäftigte sich Felix Mendelssohn Bartholdy noch einmal mit
seinem Werk und schrieb den zweiten bis vierten Satz neu nieder – nun
aber mit zum Teil tiefgreifenden Veränderungen, wobei der erste Satz
ausgespart blieb. Er glaubte, daß er ihn wohl ganz neu würde komponieren müssen, und davor war er zurückgeschreckt. So blieb diese zweite
Niederschrift, die sich zusammen mit dem Autograph von 1833 im Besitz der Staatsbibliothek zu Berlin – Preußischer Kulturbesitz befindet,
unvollendet. Erhalten sind außerdem aus der Partitur von 1833 einige
Bruchstücke, die der Komponist aus seinem Autograph bei einer Revi-
sion im März/April 1833 (also noch vor der Uraufführung) herausge-
nommen hat.

Partitur
2001. Format 29,7 x 21 cm, 232 Seiten, gebunden (3-89500-000-0)

Orchestermaterial
(3-89500-065-5)

Carl Maria von Weber
... wenn ich keine Oper unter den Fäusten
habe ist mir nicht wohl.
Eine Dokumentation zum Opernschaffen
Von Joachim Veit und Frank Ziegler
2001. 4°. 192 S., 56 Abb., (3-89500-092-2)

In Zusammenarbeit mit den beiden Arbeitsstellen der Weber-Gesamtausgabe (Berlin und Detmold) entstand diese umfangreiche Dokumentation zum Opernschaffen Webers, die alle Opern-Projekte des Komponisten anhand wesentlicher Quellen chronologisch vorstellt. In den
erläuternden Texten wurde neben grundlegenden Informationen zu
jedem Werk besonderer Wert darauf gelegt, handbuchartig den neues-
ten Forschungsstand darzustellen. Gerade in den letzten Jahren hat sich,
beginnend mit den Aktivitäten des Weber-Gedenkjahres 1986 und geför-
dert durch die Arbeit an der Weber-Gesamtausgabe, die Sicht auf Weber
von der einseitigen Betrachtung der „Großwerke", besonders natürlich
des Freischütz, hin zu einer Gesamtschau verlagert, die insbesondere zu
den ehemals vernachlässigten Kompositionen eine Fülle neuer Erkennt-
nisse brachte.
Die Auswahl der Objekte ermöglicht nicht nur einen umfassenden
Überblick über Webers Hinterlassenschaft für das Musiktheater, über
Vorlagen, Textautoren, Entstehungsbedingungen, die zeitgenössische
Rezeption etc.; sie gewährt daneben auch interessante Einblicke in die
Werkstatt des Komponisten, den Prozeß des Komponierens. Alle Sta-
dien des Entstehungsprozesses eines Bühnenwerks, von der textlichen
und musikalischen Konzeption über die Arbeit am Libretto, die kompo-
sitorische Entwurfs- und schließlich die Ausarbeitungs- und Instrumen-
tationsphase werden mittels ausgewählter Zeugnisse nachvollziehbar.
Insbesondere zu den späten Opern, den unvollendeten Drei Pintos, der
Euryanthe und Oberon, ist die Arbeit am Werk durch eine Fülle unter-
schiedlicher Materialien dokumentiert.
Zusätzlich zu ausführlichen Katalogbeschreibungen von 133 Objekten
aus Bibliotheken und Sammlungen in Berlin, Darmstadt, Dresden, St.
Petersburg sowie aus Privatbesitz mit insgesamt 59 Abbildungen runden
zwei umfangreiche Beiträge über den Opernkomponisten Weber bzw.
zur Weber-Ikonographie sowie ein Epilog im Gedenken an den 175. Todestag des Komponisten den Katalog ab.